경영은

모닥불처럼

경영은
모닥불처럼

야마이 리사 지음

이현욱 옮김

**스노우피크의 디자인 경영과
도약의 원천**

ln

프롤로그

스노우피크는 1958년에 조부가 문을 연 철물 도매상에서 시작되었습니다. 고향인 니가타현과 군마현의 경계에 있는 산, 다니가와다케를 사랑한 등산가이기도 했던 조부는 당시 판매되던 등산용 도구에 만족하지 않고 자신이 원하는 것을 만들겠다는 생각으로 직접 등산용품을 개발했습니다. 쓰바메산조의 뛰어난 장인들의 기술로 만든 편리하고 질이 좋은 제품은 산을 좋아하던 사람들 사이에서 주목을 받았다고 합니다. 그리고 1963년에 스노우피크라는 이름을 상표 등록했습니다. 1976년에는 자사 공장을 설립하고 브랜드의 기반을 다졌습니다.

캠핑용품을 만들기 시작한 것은 1986년에 현재 회장 (부친)이 입사한 후 사내 벤처로 오토캠핑 사업을 시작했을 때부터입니다. 이 사업은 1980년대의 오토캠핑 붐을 견인했고, 그전까지는 없었던 세련되고 고급스러운 캠핑 스타일을 확립했습니다. 그리고 1996년, 지금은 캠핑에 없어서는 안 되는 장비 중 하나인 화로대를 세상에 선보였습니다.

30년 이상 캠핑용품을 만들어왔기 때문에 스노우피크를 캠핑용품 브랜드라고 생각하는 사람들도 많습니다. 물론 사업별 매출을 보면 캠핑용품이 여전히 전체의 약 80퍼센트를 차지합니다. 하지만 2014년에 제가 시작한 의류 사업을 비롯해 캠핑 오피스, 지방 창생地方創生, 레스토랑, 주택 등의 신규 사업들을 하나둘 시작한 결과 지금의 스노우피크가 되었습니다.

현재 스노우피크가 속한 아웃도어 업계는 '밀집을 피하기 위한 레저'로서 전 세계적으로 높은 수요를 유지하고 있습니다. 스노우피크의 2021년도 매출은 약 257억 엔으로 전년 대비 53퍼센트가 증가했습니다. 캠핑이 큰 인기를 끌면서 유통업체의 지점 확충, 취급 상품 확대로 인해 판매가 늘어난 것이 매출 상승의 원인 중 하나입니다. 해외에서도 브랜드의 인지도가 높아져 모든 지역에서 매출이 늘어났습니다. 최근 2년간 신규 사용자 수도 급격하게 증가한 결과 포인트 카드 회원 수는 70만 명을 넘어섰습니다. 2005년 이후 스노우피크는 16기 연속으로 매출이 상승했습니다.

지금까지 스노우피크의 역사와 현 상황에 대해 빠르게 설명해 보았습니다. 여기까지 읽고 나면 스노우피크는 창업 이후 순조롭게 성장했다고 느낄지도 모르겠습니다. 그런데 1990년대 초반, 캠핑의 인기가 끝났을 무렵에는 25억 엔이었던 매출이 15억 엔까지 떨어졌습니다. 이런 위기에서 배운 것이 바로 '사용자 시점'입니다. 브랜드로서 사용자에게 가까이 다가가는 것을 넘어서 우리 스스로 완전히 사용자가 되는 것이 중요하다는 사실을 깨달았습니다.

스노우피크라는 회사는 사원 전체가 캠핑을 한다는 것이 가장 큰 특징입니다. 사원 수가 600명이 넘는 지금도 채용의 중요한 기준은 캠핑을 좋아하는지 여부입니다. 아무리 훌륭한 인재라도 캠핑의 즐거움을 모른다면 채용하지 않습니다. 직종에 따라서는 이러한 조건 때문에 사람을 구하기 어려울 때도 있지만, 이 기준만은 언제나 철저하게 생각하고 있습니다.

저희가 채용하는 직원이 캠퍼인지 아닌지가 이렇게까지 중요한 이유는 스노우피크가 사용자 시점을 굉장히 중요시하기 때문입니다. 캠퍼가 아니라면 스노우피크의 가치에 공감하기가 어려우며, 결과적으로는 회사가 추구하는 목표와 맞지 않아 그만두는 일도 생깁니다. 이것이 저희가 다른 캠핑용품 브랜드와 크게 차별화되는 점이라고 생각합니다.

2012년에 스노우피크에 입사한 제가 가장 놀랐던 점은 이곳에는 성격이 나쁜 사람이 한 명도 없다는 사실이었습니다. 진심으로 인간을 위해, 자연을 위해 일을 하는 사람들뿐이었습니다. 아마도 아웃도어 활동을 즐기는 사람들의 공통점일지도 모르겠지만, 놀이와 일이 좋은 의미로 구별되지 않는 사람들이 모여 있었습니다. 일도 진심을 다해 하지만, 노는 것에도 진심인 캠퍼들이 모여 있기 때문에 새로운 아이디어가 잘 나오는 것인지도 모르겠습니다.

조부가 등산용품을 만들고 부친이 캠핑용품을 만든 것처럼, 스노우피크는 앞으로도 '무언가 계속 일을 벌이는 회사'로 남고 싶습니다. 그렇게 되기 위해 스노우피크의 사원들은 하고 싶은 일이 있으면 계속해서 도전을 이어갔으면 좋겠습니다. 저의 상상을 크게 뛰어넘는 제안도 언제나 대환영입니다. 캠퍼가 잠자리를 펴고 자신이 머물 곳을 만드는 것처럼 스노우피크인Snow Peak Person이라면 일할 때도 자신의 일과 가치관을 만들어냈으면 좋겠습니다. 사장으로서 이 부분은 언제나 더 강조하고 싶습니다.

우리는 캠핑의 힘을 누구보다도 믿습니다. 하지만 여전히 일본의 캠핑 인구는 약 7퍼센트에 불과합니다. 더 많은 사람들에게 캠핑의 가치관을 전하기 위해서 '의衣·식食·주住·동働·유遊·학學'과 관련된 다양한 체험 가치를 창출하고, 이와 더불어 자연을 중요시하는 인생 가치를 제안하는 것이 앞으로의 스노우피크가 해나가야 할 사명이라고 생각합니다.

이 책은 지금의 스노우피크를 소개하고자 하는 목적

으로 쓰게 되었습니다. 제1장에서는 디자인 경영을, 제2장에서는 순조로운 실적의 이유에 대해, 제3장에서는 캠핑과 함께 자란 경영자, 제4장에서는 스노우피크의 사업에서 가장 중요한 사원들에 대해 소개하려고 합니다. 이 책을 통해 스노우피크의 도약의 원천은 무엇인지, 스노우피크가 그려 나갈 앞으로의 미래는 또 어떤 모습일지 독자 여러분도 지켜봐 주시기 바랍니다.

스노우피크 대표이사 사장 집행임원 야마이 리사

목차

프롤로그   04

	1

문득 생각해 보니 디자인 경영이었다

스노우피크의 현재 위치   18

8년간 새롭게 시작된 4가지 사업   20

시장을 창출하는 제조업   25

30년 만에 개정된 기업 이념   28

사장은 아웃사이더   30

경험이 없더라도 사장의 업무가 가능한 이유   32

가장 스노우피크다운 것은 C안   34

특허청에서 받은 디자인 경영 기업 표창   36

전문가도 인정한 스노우피크의 디자인 경영   37

의류 디자인과 경영은 똑같다   41

언어를 디자인하다   43

사원 전체가 체험 디자이너   45

매출은 우리가 제공한 가치의 대가   49

스노우피크의 차세대 육성 계획   51

나의 경영에 필수적인 모닥불 미팅   53

열광적인 팬 '스노우피커'   57

사용자와의 갭이 모든 것의 시작   60

목적은 사용자에게 인생 가치를 제공하는 것   62

사용자가 사용자를 육성하다   63

코로나19의 확산 속에서 급증하는 신규 팬   65

사람을 통해 이어지는 스노우피커의 DNA   66

아버지와 딸의 모놀로그 스노우피크의 사업 계승   68

2

제조업의 미래 – 순조로운 실적의 비결

16기 연속 전기 대비 매출 증가   84

본사의 광대한 부지는 스노우피크의 상징   86

체험 가치를 제공하다   90

'의·식·주·동·유·학'의 사업 영역으로   93

무엇보다 중요한 것은 사원의 주체성   95

'요람에서 무덤까지' 마을을 만듭니다   98

종합전시회 '라이프 엑스포'에서 만들어진 네트워크   100

계속해서 이어지는 신규 사업 제안   102

엑스포에서 실감한 모닥불의 힘   104

사회인에서 지구인으로   107

다음 엑스포를 앞두고   109

칼럼 스노우피크의 해외 사업   112
2024년에 매출 전체의 40퍼센트를 노리는 글로벌 전략

3

실무 교육이 아닌 아웃도어 교육을 통한 성장

초등학생 때까지 주말마다 캠핑을 다니다　　　128

캠핑에서 배운 상황 판단력과 회복력　　　130

아웃도어인에게 물려받은 '참견 정신'　　　132

강점은 공상하는 힘　　　134

인간다움을 되찾는 니가타의 생활　　　136

모닥불을 피우는 이유　　　138

쓰바메산조에서 키운 제조업의 정신　　　140

토지에 뿌리내린 문화를 입고 체험하다　　　142

자연계의 럭셔리웨어 야마이(YAMAI)　　　147

자연 유래 소재로 필요한 만큼만 만드는 모델　　　149

사원 설문조사에서 알게 되다 　야마이 리사 사장은 어떤 사람?　　　152

4

스노우피크의 든든한 버팀목 - 최전선에서 뛰는 사원들

의 스노우피크 어패럴의 두 가지 강점   **162**

의 스노우피크식 SDGs란?   **174**
   -옷 만들기의 세 가지 축

식 스노우피크의 '식(食)'에 대한 도전   **182**
   -토종 채소를 캠핑 요리로 제공

식 스노우피크가 '백마 탄 왕자'가 된 이유   **192**
   -리조트 비성수기를 구하라

주 스노우피크의 도시 개발   **205**
   -시대가 원하는 자연과 함께하는 삶

주 스노우피크가 만든 평생 쓰는 가구   **218**
   -변화하는 생활에 주목하다

동 대기업도 하나둘 도입하다   **228**
   -스노우피크 캠핑 오피스의 효과

유 스노우피크식 지방 창생에 의뢰가 쇄도하다   **237**
   -가장 중요한 두 가지 축

학 지속가능한 세상을 만드는 캠퍼 사상 246
-교육 현장으로 확대하다

의·식·주·동·유·학 스노우피크의 제조 DNA 255
-시장은 창조하는 것

의·식·주·동·유·학 대자연이 무대, 전대미문의 초대형 전시회를 265
개최하다

의·식·주·동·유·학 스노우피크식 디지털 전환 274
-다섯 가지 시도, 제로에서 성과를 만들어낼 수 있었던 이유

에필로그 283

'회사의 존재 의의와 목적을 공유하고 전원이 같이 행동한다.'
스노우피크의 도약의 원천은 계속되는 디자인 경영과
이를 든든하게 지원하는 사원들입니다.
디자이너 출신인 제가 사원들에게 전하고 싶은 말은 무엇일까요.

문득 생각해 보니

디자인 경영이었다

스노우피크의
현재 위치

2012년, 입사식 당일에 아버지가 한 말이 지금도 선명하게 기억납니다. "스노우피크는 직접적으로 아웃도어 브랜드나 캠핑 브랜드라고 말한 적이 한 번도 없다. 자연을 추구하는 라이프스타일을 제공하는 브랜드다. 10년 후, 20년 후에는 스노우피크가 캠핑 브랜드가 아니어도 괜찮다고 생각한다."

이 말에 등이 떠밀리기라도 한 듯이 저는 2014년에 의류 사업을 시작했습니다. 그전까지는 패션 외길을 걸으며 패션을 공부하고 의류 브랜드에 취직했습니다. 디자이너의 어시스턴트로 일했지만, 패션 업계에서 계속 일하는 것에 대해 의문을 가지고 있던 나날이었습니다. 그때쯤 오랜만에 캠핑을 갔습니다. 그런데 캠핑을 가면서 입고 싶은 옷이 없었습니다. "어쩌면 내가 스노우피크가 생각하는 '주말에는 캠핑을 즐기는 도시인'을 위한 옷을 만들 수 있지 않을까?" 그러한 생각으로 이력서를 써서 스노우피크 입사 시험을 봤습니다. 그리고 입사 2년 후인 2014년, 1980년대에 캠핑 사업을 시작한 이래 30년간 이를 꾸준히 이어온 스노우피크에서 처음으로 신규 사업이 시작되었습니다.

8년간 새롭게 시작된
4가지 사업

2014년에 의류 사업을 시작한 이후 스노우피크는 8년간 주택 사업, 캠핑 오피스 사업, 음식 사업 등 총 4가지 사업을 시작했습니다. 도시와 자연의 경계선을 없애고 자연과 인간, 인간과 인간을 이어주고자 의류 사업을 시작했지만, 결국 모든 사업이 이를 이어주는 역할을 하게 되었습니다.

주택 사업에서는 도쿄 하루미에 위치한 고층 아파트 1층에 주민 전용 캠프장을 만들었습니다. 주민들은 캠핑을 하면서 서로 친해질 수 있고, 아파트 이사회도 인공 잔디 위에 설치된 빛이 들어오는 텐트 위를 뒹굴며 주민에게 제공할 서비스에 대해 편하게 의견을 교환할 수 있습니다. 캠핑용품이 있는 것만으로도 무거운 분위기가 사라지고 회의에서 자유로운 발상이 가능합니다.

그리고 가구 브랜드 '쓰구카TUGUCA'의 판매도 시작했습니다. 좋아하는 유닛을 조합해 내가 원하는 공간을 만드는 모듈형 가구입니다. 담당 디자이너가 캠핑을 하지 않는 사람들을 위해 어떤 공간을 만들 수 있을지 고민했습니다. 그래서 집 안과 밖을 연결하는 툇마루 같은 공간을 집 안에 만들고자 했습니다. 쓰구카는 목재를 이용해 누구나 간단하게 유닛의 조합을 바꿀 수 있도록 설계한 가구입니다. 사용자의 라이프 스테이지, 라이프스타일에 맞추어 자유롭게 디자인하고, 세대를 초월하여 오래 사용할 수 있도록 만든 제품입니다.

도시 개발 사업도 시작했습니다. 2022년 가을에는 니가타시 니시칸구에 스노우피크가 개발업자 및 건축사무소와 함께 만든 주택가 '노키로의 숲'이 탄생합니다. 스노우피크가 꿈꾸던 '인간과 인간이 이어지고 자연과 함께하는 주택가'입니다. 중심부에는 커다란 정원을 만들었습니다. 집과 집 사이에는 문턱이 아니라 푸른 산책로를 만들어 주민들 사이를 연결하고, 서로의 라이프를 공유하는 풍요로움을 느낄 수 있도록 설계했습니다.

캠핑 오피스 사업에서는 집 밖이나 자연 속에서 하는 기업 연수 또는 회의를 제안합니다. 사무실 안에서 스노우피크의 아웃도어 용품을 활용할 수도 있습니다. 스노우피크 사내 역시 그렇지만, 일하는 공간에 텐트 하나만 설치해도 자연과 커뮤니케이션이 가능해집니다. 이를 통해 인간과 인

↑ 사진 안쪽이 파크타워 하루미의 야외에 설치된 캠프장

↓ 파크타워 하루미의 파티룸에서는 실내 캠핑을 즐길 수 있다.

→ 자유롭게 공간을 디자인하는 가구 쓰구카

간이 이어지는 직장을 만들 수 있습니다.

음식 사업으로는 희귀한 토종 채소를 활용해 캠핑 요리를 간편하게 즐길 수 있는 레스토랑을 오픈했습니다. 관광지인 나가노현 하쿠바에 캠핑장과 상품 판매장 그리고 그 지역에서만 나는 식재료로 만든 요리를 즐길 수 있는 본격적인 레스토랑을 만들었습니다. 모두가 이 지역 식문화의 계승과 지역 살리기가 목적입니다.

이렇게 스노우피크에 여러 새로운 사업부를 만들면서 저는 스노우피크의 10년 후 비전을 고민하게 되었습니다. 머리를 깨끗하게 비우고 다양한 각도에서 생각을 해보던 중 떠오른 것이 바로 의식주에 '일하다, 놀다, 배우다'를 더한 '의·식·주·동·유·학'이라는 말이었습니다. 캠핑은 저에게 주말에만 하는 활동이 아닙니다. 자연 속에서 생활하는 행위 그 자체이며 의식주 등 모든 것을 포괄하는 개념입니다. 그래서 '의·식·주·동·유·학'을 키워드로 앞으로의 스노우피크의 사업 영역을 확대하고자 합니다.

시장을 창출하는
제조업

스노우피크는 창업 이래 '다른 곳에는 없는 것을 만든다'를 신조로 삼아왔습니다. 상품 개발의 테마는 무엇보다 '새로운 시장 창출'입니다. 예를 들어 지금은 여러 브랜드에서 판매하는 '화로대'를 생각해 보겠습니다. 스노우피크가 화로대 판매를 시작한 것은 1996년이었습니다. 당시에는 캠핑을 가면 흙이나 잔디 위에 직접 모닥불을 피웠기 때문에 검게 타고 남은 지저분한 흔적이 남았습니다. 이를 보면 어딘가 불쾌함까지 느껴졌습니다. 하지만 모닥불은 아웃도어 활동에서는 없어서는 안 될 커뮤니케이션 수단입니다. 그래서 자연에 악영향을 주지 않으면서 모닥불을 즐기기 위한 화로대를 개발해서 판매했습니다. 발매를 시작한 이래 지금까지 화로대의 형태나 구조는 전혀 바뀌지 않았지만, 초창기 몇 년 동안은 판매가 저조했습니다. 하지만 스노우피크의 사상에 공감하고 화로대를 받아들이는 캠퍼들이 있었습니다. 그러다가 점점 판매량이 늘어나 지금은 모닥불을 즐기는 캠퍼들에게는 화로대가 상식처럼 여겨지게 되었고, 매너로 정착되었습니다. 즉 화로대라는 새로운 시장을 만들어낸 것입니다. 그리고 이러한 시장 창출은 사실 스노우피크에서는 특별한 일이 아닙니다.

당시에는 화로대가 어떻게 사용하는 제품인지, 캠핑에 꼭 필요한 것인지에 대해 의문을 가지는 사용자가 많았습니다. 하지만 스노우피크 사용자와 스노우피크 직원이 함께 캠핑을 하는 이벤트인 '스노우피크 웨이Snow Peak Way'에서 오랫동안 스노우피크 제품을 사용해 온 캠퍼가 먼저 화로대를 사용해 모닥불을 피우기 시작했습니다. 그러자 사람들이 금세 모여 서로에게 사용법을 배우고, 새로운 사람들도 구입을 하기 시작하면서 점점 화로대를 쓰는 사용자들이 늘어났습니다.

스노우피크에서는 흔히 말하는 시장 조사를 하지 않습니다. 다음에 무슨 흐름이 올지는 시장 조사로 알 수 없기 때문입니다. 물론 인기 상품에 대한 분석이나 매출 데이터를 기반으로 한 마케팅 등에는 통계를 활용하지만, 상품 개발에서 마케팅 조사는 크게 도움이 되지 않는다고 생각합니다. 이미 잘 팔리는 상품을 따라 만든다면 순간적으로는 더 잘 팔릴지도 모르지만, 스노우피크가 지향하는 것은 아직 존재하지 않는 가치를 만들어내는 일입니다. 그리고 이러한 가치관을 바탕으로 기획이 가능했기 때문에 선구적인 롱셀러 상품을 지금까지 계속해서 만들어낼 수 있었다고 생각합니다.

스노우피크는 그동안 어떻게 '출시하면 무조건 된다'라는 자신감을 가지고 제품을 발매할 수 있었던 것일까요. 이는 개발자 본인이 직접 캠핑을 하며 그 상품을 사용하는 것은 물론, 연간 수십 회 개최하는 캠핑 이벤트인 '스노우피크 웨이'를 통해 사용자들의 생생한 목소리를 듣고 반영하여 제품을 기획하기 때문입니다. 스노우피크의 이러한 기업 이념은 수십 년 후를 내다봤을 때 우리의 존재 의미가 됩니다. 개발자 본인이 진심으로 자신이 원하는 것을 추구하고, 언제나 사용자의 상상을 넘어서는 상품을 만들기 위해 노력하고 있기 때문입니다.

30년 만에 개정된
기업 이념

스노우피크의 미션 스테이트먼트인 '더 스노우피크 웨이The Snow Peak Way'는 1988년에 내건 기업 이념입니다. 그중 한 구절을 보면 "우리는 스스로 사용자라는 입장에서 생각하고, 서로가 감동할 수 있는 상품과 서비스를 제공합니다."라고 적혀 있으며, 언제나 이를 바탕으로 시장 가치를 만들어 왔습니다. 그리고 2019년, 약 30년 만에 이 기업 이념을 개정했습니다.

'사람들은 스노우피크의 제품으로 어떤 체험을 하고 그 후에 어떤 인생 가치를 만들어낼까?'라는 생각이 시작이었습니다. 그래서 위의 문장을 "우리는 스스로 사용자라는 입장에서 생각하고, 서로가 감동할 수 있는 체험 가치를 제공합니다."로 변경했습니다. 단순한 상품과 서비스의 제공이 아니라 제품을 통한 새로운 체험 가치를 만들어냄으로써 사람들에게 '인간도 하나의 자연'이라는 사실을 깨닫게 해줄 수 있다면, 누군가의 인생 가치 역시 자연스럽게 높여갈 수 있다고 생각했기 때문입니다.

　　지금까지 스노우피크가 꾸준히 성장해 온 비결 중 하나는 시대의 흐름에 따라 끊임없이 변화해 왔기 때문이라고 생각합니다. 현재 스노우피크는 아웃도어 브랜드를 넘어 다양한 라이프스타일의 영역으로 사업을 확장하고 있습니다. 그리고 이렇게 계속해서 신규 사업을 전개하는 이유는 자연과 인간, 인간과 인간을 이어주는 풍요로운 삶을 제안한다는 기업 이념을 실현하기 위해서입니다.

사장은
아웃사이더

도쿄증권거래소에 상장된 기업의 사장으로서, 저는 아웃사이더입니다. 취임 당시에는 32세였으며, 상장 기업 대표 중 최연소를 기록한 여성이었습니다. 그동안 경영에 대해 특별히 배운 적은 없었습니다. 몸에 타투도 있었습니다. 여러 가지 이유로 세간에 화제가 될지도 모른다고 생각은 했지만, 솔직히 취임했다는 이유만으로 인터넷이 악성 댓글로 도배가 될 것이라고는 예상하지 못했습니다. 그래서 '스스로 실적을 쌓지 않는 한 세상으로부터 인정받을 수 없겠구나'라고 절감했습니다.

제가 사장으로 막 취임했을 무렵인 2020년 4월은 하필 코로나19가 크게 확산되던 시기였습니다. 취임 1년째였지만 아버지와 같은 훌륭한 경영자가 되어야 한다는 압박 때문에 숨이 막힐 지경이었습니다. 코로나19라는, 모두가 경험해 보지 못한 새로운 위기 속에서 바로바로 결정해야만 하는 일들이 굉장히 많았습니다. 당시에는 '아버지라면 어떻게 할까?'라는 생각으로 일을 판단했습니다. 주위의 사원들에게 죽는소리를 할 수도 없었습니다. 고독감을 느끼며 스노우피크에서 경영자로 일하는 스스로의 존재 의의에 대해 굉장히 깊게 생각하던 시기였습니다.

그때 찾은 나름대로의 해답은, 스노우피크의 미래를 만드는 일은 지금의 나만이 할 수 있다는 것이었습니다. 그래서 임원들이 모인 회의에서 이렇게 말했습니다. "제가 경영자로서 회사에 가장 크게 기여할 수 있는 부분은 스노우피크의 새로운 가치와 비전을 계속해서 만들어가는 것입니다. 그 외에는 부족한 부분이 많습니다. 제게 부족한 부분은 여러분께서 부디 잘 도와주시기 바랍니다." 과감하게 속마음을 털어놓고 나자 고독감도 많이 사라졌습니다.

경험이 없더라도
사장의 업무가 가능한 이유

저는 경영과 관련된 경력이나 지식이 전혀 없습니다. 그렇지만 스노우피크의 새로운 비전을 제시할 수는 있다고 생각한 이유가 두 가지 있습니다. 하나는 제가 의류 사업을 시작한다는 비전을 내걸고, 이를 실제로 궤도에 올린 것입니다. 의류 디자인은 물론 기획부터 제조, 판매, 애프터서비스까지 사업에 필요한 모든 프로세스를 직접 개척하며 진행했습니다. 사내에는 의류 사업에 대해 잘 아는 사람이 없었기 때문에 누가 뭐라고 하든 끝까지 스스로를 믿고 해내는 수밖에 없었습니다.

그리고 또 하나의 이유는, 스노우피크는 이미 아버지의 시대부터 견고하게 비전 경영이 이어져 오고 있는 회사라는 사실입니다. '스노우피크는 무엇을 위해 존재할까?' 지난 30년간 스노우피크의 사원들은 이러한 이념을 언제나 염두에 두고 일을 해왔습니다.

　　막막하게 신규 사업을 시작했을 무렵 저를 이끌어준
것은 1988년에 만들어진 미션 스테이트먼트인 '더 스노우
피크 웨이'였습니다. 이것이 없다면 어떤 사업을 시작한다
해도 근간이 흔들려서 어디로 가야 하는지 알 수 없게 됩니
다. 저 역시 옷을 만드는 모든 과정에서, 그리고 벽에 부딪
힐 때면 언제나 회사의 미션 스테이트먼트를 떠올렸습니다.
그러고 나면 어떤 선택지가 가장 스노우피크와 잘 어울리
는지 머릿속에 지침이 내려옵니다. 이것이 수많은 의사결정
과정에서 가장 큰 도움이 되었습니다.

　　여담이지만, 제가 사장이라는 역할을 맡게 된 이유도
아버지와 부녀관계여서가 아니라 더 스노우피크 웨이에 가
장 적합한 사람이 저였기 때문이라고 들었습니다. 이렇게
사내의 책임자를 선택할 때는 언제나 더 스노우피크 웨이에
적합한지 아닌지에 따라서 결정합니다.

가장 스노우피크다운 것은
C안

일찍이 스노우피크의 회장은 회의에서 "A안, B안은 너무 흔해서 재미가 없어요. 더 스노우피크 웨이다운 발상에 따라 C안을 생각해 주세요."라고 자주 말했습니다. 이 말에 따르면 어쩌면 저 자신이야말로 C안이 아니었을까 하는 생각이 듭니다. 어릴 적부터 저는 어디에 가든 주변 사람들과는 다른 사람 취급을 받았습니다. 언제나 '상식적인지 아닌지'보다는 '내가 납득할 수 있는지'를 기준으로 많은 일들을 선택해 왔습니다. 그렇게 '내 마음에 따라 생각한다'는 의미에서 저는 무의식적으로 C안에 가까운 인간이 되었는지도 모릅니다.

애초에 스노우피크의 신규 의류 사업 자체가 C안이었습니다. 2014년에 의류 사업을 시작했을 때만 해도 패션성을 강조한 아웃도어 의류는 세상에 존재하지 않았습니다. 샘플을 가지고 대형 의류 기업에 영업을 하러 가면 "아웃도어 같은 게 패션이 될 리 없어요."라는 말을 들을 정도였습니다. 그때는 화가 나기보다는 '언젠가 아웃도어 패션의 시대가 꼭 올 거니까!' 하고 마음속으로 외쳤습니다. 저는 학생 때부터 패션 업계를 공부하며 지켜봐 왔고, 어린 시절부터 아웃도어 활동을 해왔습니다. 그래서 이 둘을 이어주는 가교가 될 자신이 있었습니다. 그 결과, 스노우피크의 의류는 기존의 상식을 깨고 아웃도어 패션이라는 새로운 분야를 개척할 수 있었습니다.

특허청에서 받은
디자인 경영 기업 표창

2019년에 스노우피크는 '2019년도 지식재산공로상 특허청장관표창'을 수상했습니다. 디자인의 힘을 브랜드 구축과 혁신 창출에 활용하는 경영 방식인 '디자인 경영' 분야에서, '제1회 디자인 경영 우량 기업'으로 선정된 것입니다. 당시 수상식에 출석한 스노우피크 회장이 "우리가 해온 것이 디자인 경영이었다니!" 하고 놀라셨던 기억이 납니다.

디자인 경영이란 쉽게 말하면 비전, 미션, 밸류의 순서를 정하고 이를 실현하기 위한 프로세스를 디자인하는 경영 방식입니다. 그렇지만 회장도, 저도 우리가 디자인 경영을 하고 있다고 의식한 적은 한 번도 없었습니다. 회장이 입사한 당시부터 스노우피크의 미션 스테이트먼트라는 지침이 있었기 때문에 언제나 판단 기준은 여기에 따랐습니다. 이 지침이 흔들리는지 아닌지로 일을 판단하고, 미션을 실현하기 위해 하루하루 일하는 문화가 정착되어 있던 덕분입니다.

전문가도 인정한
스노우피크의 디자인 경영

　　다행히 제가 사장으로 취임한 1년째인 2020년도와 다음 해인 2021년도는 전년 대비 매출과 순이익이 모두 상승했습니다. 아웃도어의 수요 증가라는 외부 요인 외에 실적 상승을 이끈 것은 언제나 존재 의의를 생각하며 행동하는 스노우피크 조직 문화의 결과라고 생각합니다.

　　얼마 전 다마 미술대학에서 열리는 '다마 미술대학 크리에이티브 리더십 프로그램TLC'에서 디자인 경영 관련 강의를 할 기회가 있었습니다. 저희가 평소에 일하는 방식에 대해 스노우피크의 여러 사례를 소개했더니 TLC에서 생각하는 디자인 경영과 아주 잘 맞아떨어져서 모두가 놀랐던 기억이 납니다. TLC의 교수진으로는 하쿠호도 디자인의 대표이자 아트 디렉터인 나가이 가즈후미, 케시키 파트너의 이시카와 슌스케 등이 있습니다. 이곳에서는 평소 미래 창조형, 사회 공헌형이라고 불리는 기업에 대해 연구하고 있다고 합니다. 이들이 제창하는 '비전이 있으며, 그 프로세스가 사회적으로 좋은 영향을 끼치고 사회의 과제를 해결한다'라는 기준이 스노우피크에 모두 해당되었다고 합니다. 주변에서 이런 긍정적인 평가를 받으면서 디자인 경영에 대한 고민과 인식도 점점 더 깊어졌습니다. 다음 페이지는 비전, 프로세스, 과제 해결을 위한 스노우피크의 존재 의의를 그림으로 나타낸 것입니다.

스노우피크의 '존재 의의' 디자인

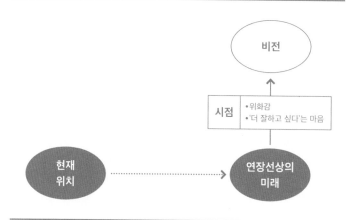

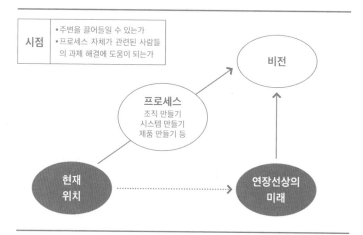

1. 미래는 어떤 모습이길 바라는가. 현재 가지고 있는 위화감이나 '잘하고 싶다'라는 시점을 바탕으로 비전을 생각한다.

2. 비전을 달성하는 프로세스가 주변 사람들을 끌어들이고, 관련된 사람들의 과제 해결에 도움이 되는지를 생각한다.

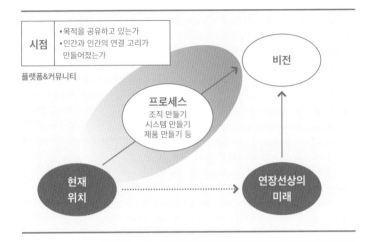

시점
- 목적을 공유하고 있는가
- 인간과 인간의 연결 고리가 만들어졌는가

플랫폼&커뮤니티

비전

프로세스
조직 만들기
시스템 만들기
제품 만들기 등

현재 위치

연장선상의 미래

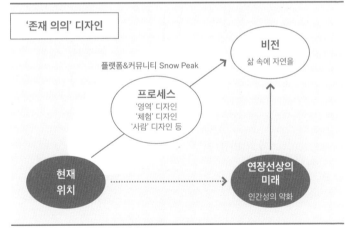

'존재 의의' 디자인

비전
삶 속에 자연을

플랫폼&커뮤니티 Snow Peak

프로세스
'영역' 디자인
'체험' 디자인
'사람' 디자인 등

현재 위치

연장선상의 미래
인간성의 약화

3. 프로세스에서 목적을 공유하고 있는가? 인간과 인간의 연결 고리가 만들어졌는지 확인한다.

4. 스노우피크의 존재 의의는 같은 목적을 가진 '플랫폼 구축'과 인간과 인간이 이어지는 '커뮤니티 형성'이다. 이것이 존재 의의가 된다.

의류 디자인과
경영은 똑같다

디자이너가 일하는 프로세스를 사업과 경영으로 바꿔서 조금 더 자세하게 설명하겠습니다. 디자이너가 옷을 디자인할 때 가장 먼저 생각하는 것은 옷의 목적입니다. 일상생활에서 어떤 기능을 하는지, 그 옷을 입고 생활하는 사람은 어떻게 느끼는지…. 예를 들면 착용감이 좋아서 생활하는 데 쾌적한 옷을 만들고 싶다면 먼저 감촉이 좋은 소재를 고르는 것부터 시작합니다. 그다음에 쾌적한 옷으로 만들기 위한 디자인을 합니다. 그리고 '여기에 조금 더 여유를 둬서 편하게 만들자' 또는 '천을 덧대어 움직이기 편하게 하자' 등 원하는 목적(비전)을 달성하기 위한 프로세스를 하나하나 밟아가는 것입니다. 이 프로세스는 사업을 할 때도 동일하며, 경영 역시 마찬가지입니다.

스노우피크의 신규 의류 사업에서는 '일상과 자연을 이어주고, 현대 사회의 일상적인 스트레스를 아웃도어 의류의 기능성으로 해소한다'를 비전으로 내걸었습니다. 그리고 '공급업체와의 관계와 생산 공정에서도 의류업계에 좋은 영향을 미친다'를 미션으로 제시했습니다. 그리고 이를 실현하기 위한 생산·판매 프로세스를 디자인했습니다.

이것을 스노우피크의 경영으로 바꿔서 생각해 보면, 수평적인 사업별 연대 구축, 그리고 연결 고리 강화를 위해 사업별 조직에서 기능별 조직으로 재편성하는 조직 디자인, 사원이 주체성을 가지고 일할 수 있는 평가 제도의 재디자인 등을 생각해 볼 수 있습니다. 저는 사장이 되어서야 디자인과 경영은 완전히 똑같다는 사실을 새삼스럽게 인식하게 되었습니다.

언어를 디자인하다

경영자로서 제가 특별히 더 신경 쓰는 부분은 '언어화'입니다. 언어를 디자인하는 데 꽤 많은 시간을 들이고 있습니다. 사원 수가 100명일 때는 경영자의 의도가 한 명 한 명에게 전부 전해져서 공통의 인식을 가지고 일할 수 있지만, 600인 이상의 체제가 되면 그렇지 못합니다. 전하고 싶은 메시지를 누구나 바로 이해하고 받아들일 수 있도록 잘 다듬기 위해 공통의 언어 자체를 업데이트해야 합니다.

예를 들어, 매장 운영에 문제가 있다고 가정해 보겠습니다. 이런 경우에는 매장의 기능을 재정의합니다. 매장의 가치를 다시 디자인하는 것입니다. 실제로 매장에서 일하는 직원의 의욕이 저하되어 매장에 문제가 발생한 적도 있습니다. 이때는 "매장도 캠프 필드와 마찬가지로 플랫폼의 하나다."라는 말을 전해주었습니다. 매장도 단순히 상품을 판매하는 곳이 아니라 어디까지나 자연과 인간 그리고 스노우피크와 사용자를 이어주는 플랫폼이라는 것입니다. 스노우피크의 플랫폼은 사용자에게 체험 가치를 제공하는 공간입니다. 그렇기 때문에 한 사람 한 사람의 직원이 디자이너로서 체험을 디자인해 달라고 요청했습니다. 새로운 사업을 디자인하는 것뿐 아니라 기존의 가치를 새로운 환경이나 상황에 맞춰 다시 언어화하는 일도 굉장히 중요합니다.

회사의 과제 해결 역시 사장의 중요한 업무 중 하나입니다. 문제가 있는 부서가 있다면 그 부서의 문제를 어떻게 하면 해결할 수 있을지 대책을 마련해야 합니다. '부서에서 실현 가능한 가치를 생각하자', '이런 프로세스에 따르면 공급 업체에도 좋을 것이다' 등 되도록 현장의 입장에서 생각하고, 거기서 벗어나지 않도록 언어로 디자인하여 전달합니다. 사회 문제, 사내 과제, 인간관계 전부 디자인적인 사고로 해결하고 있습니다.

사원 전체가
체험 디자이너

물론 스노우피크에 디자이너가 저 혼자만 있는 것은 아닙니다. 사원 한 명 한 명이 디자이너라는 인식을 가지도록 하고 있어요. 이것이 중요하다고 생각하게 된 이유가 있습니다.

회사가 커지고 사원이 늘어나면서 회사에 '의지'하는 듯한 인상을 주는 사원이 많아졌다고 어느 날 느꼈습니다. 스노우피크의 사원이라면 스스로 생각하고, 스스로 실행하고, 실패해도 스스로 수정해야 합니다. 이러한 일련의 과정을 경험하는 것이 스노우피크의 일원으로서 굉장히 중요합니다. 저 역시 의류 사업을 하면서 이를 직접 경험했습니다. 사원이 주체적으로 자신의 생각을 실현해 나갈 수 있다면 자연스럽게 일하는 보람과 성장으로 이어질 수 있을 것입니다.

저는 스노우피크를 전 세계에서 가장 크리에이티브한

회사로 만들고 싶습니다. 가장 이상적인 모습은 '새로운 어떤 일'을 저지르는 사원들이 계속해서 등장하는 것입니다. 아직은 대부분의 기획이 상상 가능한 범위 내에 있지만, 좋은 의미로 모두의 기대를 배신해 줬으면 좋겠습니다. 오해를 감수하고 또 하나 덧붙이자면, 시간 내에 업무를 끝내는 것을 목적으로 삼는 것도 권하지 않습니다. 지금 하고 있는 작업이 세상에 어떻게 기여할지, 사용자에게 어떤 가치로 이어질지를 생각해야 합니다. 이러한 생각을 일의 프로세스에 추가하는 것만으로도 사원들의 주체성이 변하게 됩니다. 그래서 스노우피크인의 행동 지침을 만드는 프로젝트를 시작했습니다. 그리고 2019년에 '마음의 3개조'와 '행동의 6개조'를 만들어 사내에 공개했습니다.

같은 시기에 사내 평가 제도도 개편했습니다. 기존의 평가 제도에서는 수치적 목표가 항목별로 나열되어 있었지만, 새로운 평가 제도에서는 '마음의 3개조'와 '행동의 6개조'에 자신의 업무를 대입하여 '어떤 방식으로 미션을 달성했는가'를 평가하게 되었습니다. 당연히 수치적 목표도 필요합니다. 하지만 결과가 좋다고 모든 것이 괜찮다는 것은 아닙니다. 스노우피크는 목표를 달성하기 위해 스노우피크인으로서 어떤 행동을 했는지를 중요하게 생각합니다. 결과보다는 어떤 과정을 거쳤는지를 크게 의식하고자 합니다.

스노우피크인 '마음의 3조항'

생각
이 일의 다음에 있을 많은 사람들의 행복을.
그 행복으로 이어지는 길을 개척해 온 선배들의
노력을.
당신은 무엇을 받아들이고 무엇을 남길 것인가.

믿음
자신의 일의 가능성을.
자연에서 야외 활동을 하는 사람이 늘어나면
미래는 더 좋아진다.
일단은 꿈을 믿자. 더욱 더 큰 꿈을.
진심으로 믿을 수 있는 꿈은 바람직한 행동으로
이어진다.

감사
이 행성의 풍요로운 자연에.
변해가는 계절에. 자연에서 뛰놀던 인간의 지혜에.
소중하고 보람찬 자연과 인간을 이어주는 일에.

스노우피크인의 '행동의 6조항'

예민해져라
뛰어난 강점이 없는 물건이나 일을 세상에
내놓는 것을 용서하지 마라.
모든 일은 사람의 마음에 깊이 닿을 때까지.

놀아라
더 진지하게, 야생의 호기심으로 모든 것을
체험하라.
지식에 의지하지 마라. 비평만 하고 만족하지
마라. 다만 절대 심각해지지 마라.

이야기하라
마음에 모닥불을 피우고 그 열로 상대의 본심을
끌어내라.
겉핥기식의 대화로는 인연을 만들 수 없다.
사랑받을 수도 없다.

모험하라
무난한 길로 가지 마라. 어제 성공하지 못한
일에 도전하라. 미지의 세계를 즐겨라.
그저 기다리기만 하는 수동적인 자세에서
벗어나 동료를 믿고 더 좋은 쪽으로 걸어가라.

키워라
나를 완성시키지 마라. 사랑을 쏟으면 사람도
아이디어도 금세 자란다.
나에 대한 사랑보다는 남에 대한 사랑을. 다른
사람을 탓하는 사람은 어떤 것도 키울 수 없다.

이어져라
밖으로, 더 밖으로. 상상보다 세상은 넓고
미래는 무한하다.
인간과 자연과 깊이 이어져라. 마음을 닫은
사람은 진정한 행복을 만들 수 없다.

매출은 우리가 제공한 가치의 대가

판매 방식이나 매출의 수치를 검토하다 보면 '매장의 매출을 올리기 위해서 고가의 텐트 판매에만 주력하고 있구나'라고 느껴질 때가 있습니다. 물론 매출을 달성하는 것도 중요하지만, 직원이 단순히 상품에 대해 설명하고 전달하는 것을 넘어 그 제품을 캠프장에서 즐기는 방법을 상상하고 고객에게 제안하는 등 체험 가치를 높이는 프로세스 쪽이 더 중요합니다. 즉 자신의 일은 물론 사용자의 인생 가치, 체험 가치를 적극적으로 디자인할 수 있는 디자이너야말로 앞으로의 스노우피크에 꼭 필요한 인재입니다.

그런 의미에서 매출은 사용자의 인생 가치와 체험 가치를 만들어내는 일의 대가입니다. 단순히 물건을 팔거나 창고에 쌓아둔 상품을 순서대로 출고하는 일은 하지 말라고 사원들에게 이야기하곤 합니다. 제가 이런 이야기를 하면 '물건을 판매하는 쪽을 우선시하여 돈을 더 많이 버는 A와,

제품을 많이 판매하지는 못하지만 사용자의 행복을 우선시하는 B가 있다면 어느 쪽을 더 높게 평가하세요?'라는 질문을 받곤 합니다.

스노우피크에서는 사용자의 행복을 우선적으로 생각하는 B를 더 높게 평가합니다. 그리고 적어도 스노우피크의 경우에는 사용자의 행복을 우선시하는 사람이 물건을 파는 데만 집중하는 사람보다 결과적으로 판매량이 더 많습니다. 사용자에게 가치를 제공하는 사람이 곧 매출을 올리는 사람입니다. 예를 들어 어느 우수한 소매점 직원은 사용자에게 말을 걸거나 주말의 이벤트에 나오도록 제안하여 새로운 고객 커뮤니티를 만들기도 합니다.

스노우피크의
차세대 육성 계획

　앞으로의 스노우피크를 더 견고한 체제로 만들기 위해서는 중간 관리자층의 강화가 시급합니다. 그래서 2021년부터 정기적으로 원온원1 on 1 미팅을 실시하여 직접 디자인 경영적 사고방식을 매니저급 사원들에게 강의하는 시간을 마련했습니다. 본부장급에서는 각자가 담당 부서의 비전과 미션을 생각하고, 그것을 프로세스에 제대로 반영하는 것이 중요합니다.

스텝1 비전, 미션, 존재 의의, 존재 가치를 언어화

스텝2 1을 실현하기 위한 프로세스 디자인

스텝3 실행

　현재 스노우피크에서는 스텝1부터 스텝3까지를 3년 계획으로 수립해 진행하고 있습니다. 그 과정에서 가장 중

요한 것은 담당 사업의 가치가 무엇인지를 결정하는 일입니다. 이를 위해서 사업의 존재 의의부터 각 사업부의 멤버끼리 토론하여 직접 언어화를 합니다. 이들의 아웃풋과 회사의 비전 사이에 간극이 있다면 그것을 메우기 위해 의견을 교환합니다.

2021년 말의 시점에 스텝1이 종료되었습니다. 모든 사업부에서 비전, 미션, 존재 의의, 존재 가치가 전부 나왔습니다. 2022년도에는 스텝2가 진행 중이며, 스텝1을 실현하기 위한 프로세스를 디자인합니다. 모든 스텝이 완성되는 그날에는 사원총회 등에서 매니저들이 발표와 선언을 할 예정입니다.

지금까지도 전사적인 매니저 연수를 실시한 적이 있지만, 스노우피크적인 판단 기준을 추구하는 내용은 아니었습니다. 비전 설정, 미션 설정을 잘못하면 판단 기준이 흔들리게 됩니다. 그렇기 때문에 제가 직접 커뮤니케이션을 통해 사원들이 사고방식을 이해하고 받아들이게 만드는 것이 중요하다고 생각합니다.

나의 경영에
필수적인 모닥불 미팅

저는 아버지처럼 톱다운 방식으로 리더십을 발휘하는 타입이 아닙니다. 아버지가 상어형 경영 스타일이라면 저는 70퍼센트가 보텀업의 돌고래형 경영입니다. 중심에서 헤엄을 치며 저를 360도로 둘러싸고 있는 동료들을 잘 살피고, 동료들과 함께 행동하며 목표를 향해 나아갑니다. 이를 제외한 나머지 30퍼센트가 상어형입니다. 사실 얼마 전까지만 해도 저는 돌고래형 경영자라고 공언했습니다만, 엄밀하게 말하자면 '보텀업이 자력으로 움직이기 위한 톱다운 경영'을 하고 있습니다. 지침을 내걸고 현장의 주체성을 존중하며, 사원의 의견을 들으며 경영하는 스타일입니다.

'거의 돌고래형'의 사장에게 사원들과의 커뮤니케이션은 빼놓을 수 없는 업무입니다. 하지만 사장으로 취임한 후 2년간은 코로나19 위기뿐만 아니라 외부 활동이 많아져 결국 '사장을 미디어에서 보는 날이 더 많다'는 말까지 듣게 되었습니다. 중도 입사한 사원들 중에는 실제로 한 번도 만나지 못한 사원도 있었습니다. 이래서는 안 된다고 생각하여 2022년 4월부터 커뮤니케이션 강화를 위한 '모닥불 미팅'을 시작했습니다.

한 달에 한 번, 온종일 사원들과 모닥불을 둘러싸고 앉아서 이야기하는 시간을 마련했습니다. 이렇게 한 사람당 15분씩 어떤 내용도 자유롭게 말할 수 있는 면담 시간을 가졌습니다. 점심시간은 특별히 1시간으로 면담 시간을 길게 만들었습니다. 온라인으로 예약을 받았는데, 곧바로 예약이 다 마감되었습니다. 첫 회에는 총 8시간 동안 40명과 모닥불을 사이에 두고 이야기를 나눴습니다.

제조 담당자는 "공장이 주체가 되어 새로운 상품을 개발하고 싶다. 그래서 사장님의 의견이 듣고 싶다."라는 구체적인 제안을 했습니다. 이외에도 업무상 상담부터 하고 싶은 일에 대한 의사 표시, 이런저런 잡담까지 상상 이상으로 면담 내용이 다양하고 풍부했습니다. 그중에는 커피 원두를 준비하여 드립커피를 내려주는 사원도 있었습니다. 그러나 15분 동안 커피를 내리면서 이야기하는 것은 쉽지 않았습니다. 말하는 동안에는 아무래도 원두를 가는 손이 멈추게 되기 때문입니다. 또 긴장을 많이 한 어떤 사원은 마음을 터놓고 이야기하기까지 시간이 걸려서 드디어 말을 하기 시작

했을 때 시간이 다 되어버린 경우도 있었습니다. 1회에 15분이라는 시간은 너무 짧았다고 스스로 반성했습니다.

보통의 캠핑보다 긴 시간 모닥불을 피웠기 때문에 주변이 재로 인해 시커멓게 변했습니다. 그렇지만 모닥불의 힘은 대단했습니다. 서로의 삶의 에너지를 직접 느끼는 귀중한 시간이었습니다. 2022년에는 300명과 면담을 하는 것이 목표입니다. 역시 스노우피크에서 모닥불은 빼놓을 수 없는 중요한 존재입니다.

열광적인 팬 '스노우피커'

스노우피크의 가장 큰 강점은 열광적인 팬의 존재입니다. 이른바 '스노우피커'라 불리는 고객입니다. 이들은 스노우피크의 제품과 서비스에 깊은 관심을 가지고 실제로 사용해 보며, 다른 사람들에게 추천하거나 소개를 해줍니다. 브랜드의 전도사 같은 소중한 존재입니다.

스노우피크에서는 회원 포인트 제도를 도입하여 2022년 5월 말에 회원 수가 70만 6,000명이 되었습니다. 특히 코로나19의 상황에서 캠핑의 인기가 높아져 2020년 이후의 캠핑 입문자들을 중심으로 회원 수가 현저하게 증가했습니다.

포인트 제도를 통해 제품 구입이나 캠핑장, 레스토랑 등의 체험 서비스를 이용하고 라이프 밸류 포인트와 스노우피크 포인트를 적립할 수 있습니다. 회원 등급은 누적 라이프 밸류 포인트에 따라 레귤러, 실버, 골드, 플래티늄, 블랙,

↑ 1998년에 처음 개최된 스노우피크 웨이

↓ 2022년에 스노우피크 웨이에 참가한 사용자들과 찍은 단체 사진

사파이어의 6개 등급으로 나누어집니다. 등급이 올라갈수록 스노우피크 포인트 적립률이 높아지고, 적립된 스노우피크 포인트는 비매품인 오리지널 기프트로 교환하거나 1스노우 피크 포인트를 1엔으로 환산하여 직영점에서 제품을 구입할 때 쓰거나 각종 체험에 사용할 수 있습니다.

참고로 각 등급에 필요한 라이프 밸류 포인트는 플래티늄 등급이 누적 30만 라이프 밸류 포인트(금액으로는 30만 엔, 이하 같은 방식으로 환산), 블랙 등급이 누적 100만 라이프 밸류 포인트, 사파이어 등급이 누적 300만 라이프 밸류 포인트입니다. 플래티늄 등급 이상의 회원은 전체의 6퍼센트 정도로 소수이지만, 이들이 전체 매출의 3분의 1 이상을 차지하고 있습니다. 그만큼 열성적인 팬들이 있어서 스노우피크가 유지됩니다.

사용자와의 갭이
모든 것의 시작

포인트 카드를 만든 2000년 전후에는 오토캠핑의 유행이 한풀 꺾이면서 스노우피크의 경영도 어려워졌습니다. 그래서 당시 사장이었던 부친은 두 가지 큰 결단을 내렸습니다. 하나는 제품의 가격을 그대로 유지한 채 새로운 시장을 찾기 위해 해외로 진출하는 것입니다. 그리고 다른 하나는 사용자와 제대로 마주하고 관계성을 구축하기 위해 캠핑 이벤트인 스노우피크 웨이를 시작한 것입니다.

당시 스노우피크는 유통업자를 통해 상품을 판매했습니다. 우리의 상품이 다른 누군가의 손을 거쳐 판매되었기 때문에 최종 소비자라 불리는 사람들이 어디에 몇 명이 있는지 전혀 보이지 않았습니다. 그래서 영업부에서 사용자와 같이 캠핑을 해보자는 제안이 나왔습니다. 이를 계기로 시작한 것이 바로 스노우피크 웨이입니다. 기념비적인 첫 캠핑에는 전국 각지에서 약 30팀의 팬이 모였습니다. 스노우피크의 상품을 열광적으로 좋아해 주는 사람들이 이렇게나 많다는 사실을 눈앞에서 확인하는 순간이었습니다.

당시 사장이었던 부친은 고객 데이터가 필요해서 포인트 카드를 만든 것이 아닙니다. 지금이야 업무나 물류의 효율화를 위해 고객 관리 시스템을 활용하는 것이 당연해졌지만, 당시 스노우피크는 사용자와의 연결 고리를 단단하게 만들기 위해, 사용자에게 직접적인 가치를 제공하기 위한 시스템으로서 회원 제도를 도입했던 것입니다.

목적은 사용자에게
인생 가치를 제공하는 것

부친은 1990년대부터 인터넷 전자게시판BBS을 활용해 사용자 간 커뮤니케이션이 가능하도록 만들었습니다. 스노우피크 웨이를 개최한 후 스노우피크의 팬이 상상 이상으로 전국 각지에 퍼져 있다는 사실을 알게 되었습니다. 이렇게 되면 물리적으로 자주 교류하는 일이 어렵습니다. 그래서 보다 긴밀한 커뮤니케이션을 하기 위해 부친이 직접 BBS를 만든 것입니다. 사용자 관리나 디지털 커뮤니케이션 사업도 꽤 이른 시점에 시작했다고 할 수 있습니다.

"어떻게 하면 스노우피크처럼 팬 커뮤니티를 만들 수 있나요?"라는 질문을 종종 받습니다. 그런데 이는 사실 커뮤니티를 만들기 위해 노력한 것이라기보다는 스노우피크 사용자들이 더 즐겁게 캠핑을 즐길 수 있도록 하려면 어떻게 해야할지 고민을 하면서 해온 일들의 축적이라고 할 수 있습니다. 사용자에게 인생 가치를 제공하는 것이 목적이 되고, 그 수단이 마침 포인트 카드와 BBS 커뮤니티였던 셈입니다.

사용자가 사용자를 육성하다

이처럼 스노우피크는 30년 전부터 '사용자를 육성한 다'는 생각이 굉장히 강한 회사였습니다. 그 때문인지는 모르겠지만, 사용자들 중에도 같은 사용자를 육성하고 싶다고 느끼는 사람이 많다는 특징이 있습니다.

열광적인 스노우피커는 뿌리부터 아웃도어인인 경우가 많습니다. 그래서 어려움을 겪는 캠퍼가 있으면 나도 모르게 말을 걸거나 아웃도어 장비의 사용법 또는 보관법에 대해서 조언해 준다고 합니다. 스노우피크가 이렇게 많은 사람들에게 사랑받는 브랜드로 성장한 것도 이런 코어한 사용자들이 직접 스노우피크 제품을 캠핑장에서 사용하며 꾸준히 광고해 주었기 때문입니다.

사실 지금 스노우피크에서 일하는 사원들 중에도 그런 사람이 있습니다. 바로 스노우피크 컬처 연구소장인 아토로 시게후미입니다. 아토로 소장도 원래 코어한 스노우피커였습니다. 사용자 시절부터 팬들 사이에서 눈에 띄는 존재로, 주름 하나 없이 예쁘게 텐트를 치고 완벽한 레이아웃으로 캠핑을 하는 그의 모습을 동경하는 사람도 많았습니다.

현재는 스노우피크에 입사한 사원의 연수와 인재 육성, 스노우피크 마이스터(숍인숍에 상주하는 스노우피크 인증 직원) 양성을 담당하고 있습니다. 그뿐만 아니라 캠핑장에 온 사용자들에게 텐트를 펙으로 고정하는 법부터 모닥불 피우는 법까지 친절하게 알려줍니다. 모처럼 캠프를 하러 왔으니 최선을 다해 즐기고 갔으면 좋겠다고 생각하기 때문입니다. 스노우피커 중에는 아웃도어인으로서 배려가 넘치는 사람들이 아주 많습니다.

코로나19의 확산 속에서
급증하는 신규 팬

2020년 4월에 발령된 긴급사태선언이 해제된 같은 해 6월쯤부터 캠핑 입문자용 텐트와 화로대가 급속도로 판매되기 시작했습니다. 주 구입 고객은 기존의 고객층보다는 젊은 20~30대가 많았습니다. 특히 도쿄, 오사카, 후쿠오카 등 대도시권에 사는 사람들이 대다수였습니다. 많은 사람들이 자연과 가까이하고 싶다는 욕구를 느낀 타이밍이었다고 생각합니다.

이런 상황에서 스노우피크 웨이에 참가하여 "코로나19 때문에 캠핑에 푹 빠져서 반년 만에 (포인트 카드 등급이) 사파이어가 되었습니다."라고 말하는 30대 사용자를 만났습니다. 정말 캠핑 장비부터 옷까지 전부 스노우피크 제품이었습니다. 당시의 회원 제도에서는 제품의 누적 구매 금액만으로 300만 엔 이상이 되어야 하는 등급이었기 때문에 깜짝 놀랐습니다. 보통은 10년, 20년에 걸쳐 등급을 올리는 사용자가 많지만, 가끔씩 이런 새로운 고객층도 나타납니다.

사람을 통해 이어지는
스노우피커의 DNA

새로운 스노우피커들과 대화를 나누다 보면 나이가 어려도, 캠핑 초보자라도 자연과 친해지고자 하는 욕구를 가진 사람이 꽤 많다는 생각이 듭니다. 캠핑이 목적이 아니라 자연과 가까워지기 위한 수단이 캠핑이라고 생각하는 사람이 많다는 것이 특징입니다.

오랜 기간 스노우피크를 애용해 온 50~60대의 특징은 캠핑 장비에 반해서 스노우피크에 푹 빠진 사람이 많다는 것입니다. 원래는 스노우피크의 캠핑 장비를 사용하여 캠핑을 하는 것이 목적이었지만, 캠핑장에 갔다가 자연과 캠핑을 좋아하는 사람들과 친해져서 평생의 캠핑 친구가 되었다는 이야기를 자주 듣곤 합니다. 그래서 캠핑을 통해 인생이 풍요로워졌다고 말하는 사람들이 많습니다. 이러한 캠핑의 매력을 알고 있는 선배 스노우피커는 신입 스노우피커에게 여러 방면으로 참견을 자주 합니다. "이걸 살 거면 이것도 세트로 사는 게 좋아."라든지 "텐트는 이렇게 하면 깔끔하게 칠 수 있어."라든지…. 고객과 함께하는 캠핑인 스노우피크 웨이를 통해 30년간 사용자와의 커뮤니케이션을 소중하게 이어온 덕분에 스노우피커의 DNA가 다음 세대로도 확실히 이어지고 있다고 생각합니다.

코로나19 상황 속에서 열린 스노우피크 웨이의 모습

아버지와 딸의
모놀로그

스노우피크의 사업 계승

도쿄 진구마에에 위치한 사무실에는
회장(사진 오른쪽)과 사장(사진 왼쪽)의 책상이
나란히 놓여 있다.

'후계자는 30대'로 이미 결정되어 있었다
대표이사 회장 집행임원 야마이 도오루

1996년에 제가 스노우피크 사장으로 취임했을 때, 일찍이 결정한 것이 두 가지 있었습니다. 하나는 60세에 사장을 그만두는 것, 다른 하나는 후계자는 30대에서 뽑겠다는 것입니다. 이렇게 회사 안팎으로 공언을 했습니다.

저 역시 사내에서 새로운 사업을 시작한 다음에 사장이 되었기 때문에, 후계자는 스노우피크에서 신규 사업을 기획하고 육성하는 사람으로 결정하고자 했습니다. 그런데

60세가 다가오는데도 여기에 해당되는 직원이 나타나지
않았습니다.

2014년, 딸인 리사가 27세에 시작한 의류 사업은
5년째가 되면서 매출이 15억 엔 정도까지 성장했습니다. 저도
30대에 오토캠핑 사업으로 20억 엔의 매출을 올렸기 때문에
성과의 규모는 비슷했습니다. 이렇게 신규 사업을 직접
기획하여 성공시킨 유일한 인재가 마침 딸이었던 것입니다.
그러니 후계자 후보로서 전혀 망설임이 없었습니다.

물론 의류 사업이 성장할 수 있었던 데는
스노우피크라는 브랜드와 자금, 직영점에 진열할 수 있다는
환경적인 요인도 컸습니다. 하지만 디자이너로서 '집과
텐트를 오가다'라는 콘셉트를 선보이고, 그 흐름이 지금의
'의·식·주·동·유·학'이라는 사업의 확대로 이어졌습니다. 차기
경영자로서의 자질을 평가하는 데 이 부분이 확실히 컸다고
할 수 있습니다.

경영자에 적합한가,
디자이너에 적합한가?

머릿속에서는 딸을 후계자 후보로 올렸지만 '딸에게는

디자이너의로서의 삶의 방식도 있고 경영자로서의 삶의
방식도 있다'라고 느꼈습니다. 리사는 저보다도 '제품
제조에 대한 의지'가 강한 인간입니다. 만약 경영자가
된다면 디자이너를 그만둬야 합니다. 저 역시도 디자인을
하고 있지만 크리에이터와 톱 매니지먼트의 역할은 완전히
다릅니다.

　　　크리에이터와 경영자, 어느 쪽 길을 선택할지는
본인에게 물어보는 수밖에 없습니다. 그래서 2018년 연말에
아무런 예고도 없이 "혹시 내년부터 사장으로 일해보지
않겠니?"라고 물어보았습니다. 디자이너로 살아가는 길도

있으니 어디까지나 한번 이야기를 해보는 것이었지요. 그러자 딸은 1년간 생각해 보겠다고 대답했습니다. 바로 '알겠다'고 대답하는 것보다는 훨씬 현실적인 대답이었습니다. 당시 리사는 의류 사업의 메인 디자이너였기 때문에 만약 경영자가 되는 선택지를 고른다면 빠르게 후임을 찾아야 했습니다. 저는 딸이 틀림없이 디자이너로 남겠다고 이야기할 줄 알았기 때문에 조금 의외라고 생각했습니다.

사장의 일은 미래의 창조

리사는 경영에 대한 지식이나 경험이 전무했지만, 지금의 스노우피크에는 이미 우수한 임원이 많기 때문에 사장이 모든 일에 간섭할 필요가 없다는 것도 제가 결정을 내리는 데 큰 영향을 주었습니다. 제가 사장이었던 시절부터 사장과 임원의 역할은 명확하게 구분되어 있었습니다. 그래서 사장으로서 경영 계획, 연차 계획, 중기 계획은 세웠지만, 그 계획을 수행하는 모든 일은 임원들에게 맡겼습니다. 2000년 이후, 스노우피크가 경영 계획대로 성장한 것은 모두 우수한 임원들 덕분입니다. 제가 했다면 아마 그렇게까지 하지는 못했을 것 같습니다(웃음). 그만큼 신뢰할 수 있는 임원들이 스노우피크의 경영을 도와주고 있습니다.

사장으로서 해야 할 가장 중요한 일은 '미래를 만드는 것'입니다. 밖으로 나가 다양한 사람과 만나고, 세상의 변화를 알아채고, 스노우피크만이 할 수 있는 일을 생각합니다. 그 역할은 사장밖에 할 수 없습니다. 딸에게 이 이야기를 했더니 미래라면 만들 수 있을 거 같다고 대답했습니다. 역시 어릴 적부터 독특했던 리사답다는 생각을 했습니다(웃음).

자주 듣는 질문이지만, 제가 사장이 된 딸에게 조언해 준 것은 아무것도 없습니다. 저 역시 바로 회사를 그만둔 것이 아니라 경영회의와 임원회의에 참가해 하나하나 사업의 진척 상황을 공유하고 있습니다. 지금은 대표이사 회장 집행임원이라는 직책을 맡고 있기 때문에 여전히 그 책임을 다해야 한다고 생각합니다.

강력한 개척 정신과 개방성

인간을 크게 두 종류로 나누면 '어떤 일을 하라고 해도 하지 않는 사람'과 '하지 말라고 해도 해버리는 사람'이 있습니다. 사장에 적합한 사람은 당연히 후자입니다. 리사는 어린 시절부터 하지 말라고 말해도 해버리는 아이였습니다. 그런 사람이 아니라면 신규 사업을 시작할 수 없습니다. 그리고 그런 사람이야말로 사업에 대해 확실한 마음을 가지고 있을 거라고 생각했습니다.

그리고 저의 성격 중에서는 '야생적', '운동신경', '창의력'이라는 요소를 물려받았다고 느꼈습니다. 그래서 리사는 경영자에게 가장 중요한 에너지와 시대를 앞서가는 강한 힘을 가지고 태어났을지도 모릅니다.

딸이 어린 시절에는 일이 너무 바빠서 캠핑 이외에는 따로 이야기할 시간이 없었습니다. 그렇지만 어느 시점부터 역대 남자친구는 전부 소개받았고, 함께 식사를 한 적도 꽤 있습니다(웃음). 지금은 집무실에서 나란히 앉아 일하고 있기 때문에 잡담을 나누는 시간도 꽤 됩니다. 리사는 저의 네 자녀 중에서도 꽤 개방적인 성격인 것 같습니다.

사장으로 성숙해진 것은
8년 차부터

리사는 32세에 사장으로 취임했습니다. 저도 30대에 사장에 취임했지만, 제대로 사장의 임무를 다하고 있다고 실감한 것은 40대 이후입니다. 물론 취임했을 때부터 '사장으로서

열심히 해야지'라고 의욕에 불탔지만, 돌이켜 생각해 보면 제대로 된 경영을 한 것은 8년 차부터였습니다.

스노우피크는 공개 회사와 동족 회사라는 두 가지 측면을 동시에 가지고 있습니다. 동족 회사의 장점은 실적을 쌓으며 특별한 사고가 없다면 꽤 오랜 기간 사장을 역임할 수 있다는 것입니다. 대기업 중에도 4년(2기) 등 짧은 주기로 사장이 교체되는 경우가 자주 있습니다. 하지만 역임 기간이 너무 짧다면 사장으로서 큰 성과를 내기가 어렵습니다.

단기간에 씨를 뿌리고 단기간에 수확하는 것은 어지간히 천재적인 경영자가 아니면 불가능합니다. 스노우피크는 지금까지 중장기적인 성장을 이뤄냈습니다. 개인적으로는 한 명의 사장이 장기간에 걸쳐 경영하는 쪽이 기업 가치가 올라간다고 생각하고 있습니다. 그래서 리사도 40대를 향해 나아가며, 다양한 경험을 쌓길 바랍니다. "40세부터가 진정한 승부다."라고 이야기해 주고 싶습니다.

거의 제로였던 아버지와의 관계
대표이사 사장 집행임원 야마이 리사

지금은 아버지와 같은 방에 책상을 나란히 놓고 일하지만,
원래부터 그다지 친밀한 관계는 아니었습니다(웃음). 제가
태어나기 전 해에 오토캠핑 사업이 시작되었기 때문에 어린
시절에 아버지와의 추억이라고는 가끔 한번씩 가던 캠핑
정도입니다. 가족 여행을 간 적도 없고 평일에는 얼굴을
마주하는 일도 거의 없었습니다. 그래서 저에게 아버지는
'캠핑에 데리고 가주는 사람' 정도의 이미지였습니다.

중학교에 들어가 동아리 활동을 시작하면서부터는 가족 캠핑도 가지 않게 되어 아버지와의 사이는 더 소원해졌습니다. 18세에 도쿄로 올라와 스노우피크에 입사하기 전까지 아버지와 만난 날은 손으로 꼽을 수 있을 정도입니다. 그러던 어느 날 갑자기 아버지에게 연락이 와서 도쿄에서 함께 식사를 했을 때의 일이 기억납니다. 오랜만에 만났는데 아버지는 일 때문에 화가 나 있었습니다. 누군가 이야기를 들어줬으면 좋겠다고 생각해서 저를 부른 것 같았지만, '아, 역시 아버지는 일 이야기밖에 할 말이 없구나'라고 느꼈습니다. 정말 일이 120퍼센트, 가정이 마이너스 20퍼센트인 사람이었습니다.

이런 관계 속에서 제가 스노우피크에 입사한 것이 이상하다고 느끼는 사람도 있을 것입니다. 입사의 계기는 제가 패션 회사에서 일 문제로 힘들었을 무렵 아버지에게 했던 고민 상담이었습니다. 당시 저는 패션 브랜드에서 어시스턴트로 일하며 대량으로 옷을 만들고 폐기하는 업계의 관습에 위화감을 느끼고 있었습니다. 누구에게 상담하면 좋을지조차 몰라 고민을 거듭하던 시기에 아버지의 얼굴이 문득 떠올라 처음으로 제가 먼저 이야기를 꺼냈습니다. 저의 고민을 아버지로서 들어주기를 바랐다기보다는 사회인 선배로서 의견을 구하고 싶었습니다.

그때 "스노우피크라면 네가 해보고 싶은 것을 실현할
수 있지 않겠니?"라는 말을 들었습니다. 딱히 입사를 권유받은
것은 아닙니다. 이 말을 듣고 내가 옷으로 무엇을 하고 싶은지
다시 한번 생각을 해보게 되었습니다. 그리고 스노우피크라면
내가 바라는 가치관이 실현 가능하지 않을까 하는 생각이
들어서 입사 시험을 보게 되었습니다.

입사하고 알게 된 아버지의 모습

집 안에서 보던 아버지는 언제나 일하다가 지쳐서 소파에서
잠들어 버린 모습이었습니다. 입사 후에야 처음으로 아버지가
굉장히 유능한 사업가라는 사실을 깨달았습니다. 그래서
스노우피크에 입사한 후 가장 좋았던 점은, 아버지가 어떤

인물인지 알게 되었다는 것입니다. 아버지로서가 아니라 경영자로서, 사업가로서 존경할 수 있게 되었습니다.

최근에는 둘이서 대화를 나눌 기회도 늘어났습니다. 하지만 어디까지나 부녀라기보다는 비즈니스 파트너 사이의 대화 같습니다.

사장 임명은 어느 날 갑자기

저는 2020년 3월에 사장으로 취임했지만, 설마 이렇게 빨리 그날이 올지는 솔직히 예상하지 못했습니다. '어쩌면 언젠가 먼 훗날에는 그런 날이 올지도 몰라'라고는 생각을 했지만 어디까지나 20퍼센트 정도의 가능성이었습니다. 그래서 2018년 말에 내년 4월부터 사장으로 일하지

않겠냐는 이야기를 들었을 때 굉장히 놀랐습니다. 너무 갑작스러운 일이었기 때문에 "아니, 그, 저…"라고 머뭇거리며 당황했습니다. 하지만 사장의 인사 명령을 단번에 거절하는 것도 좋지 않겠다고 생각했기 때문에 1년간 시간을 달라고 부탁했습니다.

그때 왜 저에게 이런 제안을 하셨는지 아버지에게 물어봤을 때 아버지는 다음과 같이 대답했습니다. "경영에는 다양한 조각이 필요하지만 경영자의 가장 중요한 능력은 '미래를 만들 수 있는지 없는지'라는 미래 창조 능력이다. 현재 그 능력이 스노우피크 안에서 가장 큰 사람이 너이기 때문이다."

저는 4형제 중 장녀로 태어났지만 어린 시절부터 경영자는 어려운 일을 해야 하기 때문에 여자아이에게는 시키고 싶지 않다는 말을 들으며 자랐습니다. 초등학교 때는 거의 의자에 앉아 있지 않았지만 그 때문에 혼이 난 기억도 없습니다. 그림을 그리거나 옷을 만들면서 저만의 취미, 그러니까 개성을 존중하며 자유롭게 자랐습니다.

최근에 아버지에게 들은 말 중 굉장히 인상적이었던 것이 있습니다. 바로 "내가 경영자로서 30년간 키워온 감각을 넌 본능적으로 알고 있다."라는 말입니다. 제 어린 시절의 아웃도어 교육이 효과가 있었다고 한다면 아버지의 방임주의적인 육아 덕분입니다.

스노우피크의 사업은 '아웃도어 브랜드'에서 크게 확대되었습니다.
'캠핑을 하지 않는 93퍼센트의 사람들을 위해 무엇을 할 수 있을까?'
항상 저희의 존재 의의에 대해 재고하고 사업에 반영하고 있습니다.

제조업의 미래-

순조로운 실적의 비결

2

16기 연속 전기 대비 매출 증가

　2021년도의 실적은 매출이 257억 1,000만 엔으로 전년 대비 53.4퍼센트 증가했고, 당기 순이익은 27억 2,000만 엔으로 전년 대비 160.1퍼센트 증가했습니다. 캠핑의 유행으로 인해 유통 업체의 점포 확충과 취급 상품 확대로 판매가 늘어났고, 세계적으로도 아웃도어 레저의 수요가 증가하면서 미국, 아시아, 유럽 등 모든 해외 지점의 매출도 늘어나 전체적인 매출 비율이 확대된 결과입니다. 운이 좋게도 최근 20년간 스노우피크는 지속적인 성장을 유지하고 있습니다. 그리고 2005년도부터는 16기 연속으로 전기 대비 매출 증가를 달성했습니다.

　현재 일본의 캠핑 인구는 약 7퍼센트라고 합니다. 우리는 나머지 93퍼센트의 비캠핑 인구를 위해 무엇을 할 수 있을지를 늘 생각하고 있습니다. 최근 5년간에는 스노우피크에서의 일의 정의가 크게 확대되었습니다. 신규 사업에 대해서는 제4장에서 다시 자세하게 설명하겠지만, 여기서는 확대된 사업을 상징하는 두 가지 사내 사례를 먼저 소개하겠습니다.

결산 하이라이트 | 16기 연속 매출 증가를 달성

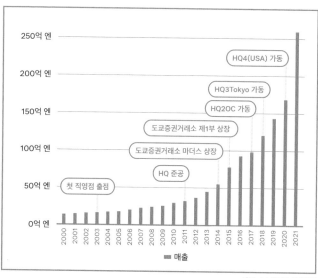

출처: 스노우피크 결산 자료

2000년도 이후 약 **20**년간 성장 기조를 유지
2005년도부터 **16**기 연속으로 전기 대비 매출 증가 달성

본사의 광대한 부지는
스노우피크의 상징

2021년에 스노우피크의 본사 시설 헤드쿼터스HQ가 설립 10주년을 맞이했습니다. HQ는 집무 공간부터 상점, 전시관, 광대한 캠핑장까지 스노우피크의 기업 가치를 온전히 보여주는 시설입니다. 이곳이 생긴 후부터 외부에서 스노우피크가 단순한 아웃도어 브랜드가 아니라고 인식하게 되었습니다. 그리고 설립 10주년을 맞아 주변의 토지를 좀 더 사들여 기존 면적의 3배인 15만 평으로 확장했습니다.

2022년 4월에는 새로운 시설 '필드 스위트 스파 헤드쿼터스(이하 스파)'를 대대적으로 오픈했습니다. '인간의 깊숙한 부분까지 따뜻하게 만든다'라는 콘셉트로 자연을 느끼며 입욕, 음식, 숙박을 한꺼번에 즐기는 복합형 리조트입니다. 세계적인 건축가인 구마 겐고가 건축 디자인을 맡아 어디서나 자연과 하나가 될 수 있는 공간을 실현했습니다.

예를 들어 천연 온천수가 나오는 '셋포 온천'에서는

↑ 설립 10주년을 맞이한 HQ.

↓ 2021년에는 15만 평으로 확장했다.

한쪽 면의 큰 창문으로 창밖을 내다보며 사계절의 산과 나무가 변하는 모습을 볼 수 있습니다. 사우나는 실내에 있지만 자연 속에서 모닥불 주위에 앉아 있는 듯한 감각을 느낄 수 있습니다. 벌써부터 숙박객들이 '나만 알고 싶은 장소'라고 이야기할 정도입니다. 고객들은 숙박 시설의 실내에 발을 들이는 그 순간부터 발밑에서 전해지는 나무의 편안함을 느끼며, 점점 오감이 열리는 것을 실감할 수 있습니다.

지금까지는 캠핑 등 야외 활동을 많이 하는 사람들이 스노우피크 HQ를 찾았습니다. 하지만 스파를 오픈한 것을 계기로 캠핑을 하지 않는 93퍼센트의 사람들도 풍요로운 자연을 느끼러 찾아오고, 캠핑을 비롯한 다양한 아웃도어 활동에 관심을 가졌으면 하는 바람입니다.

체험 가치를
제공하다

스노우피크에서는 모든 일이 우리의 존재 의의를 생각하는 것부터 시작됩니다. 제가 입사한 2012년 당시만 해도 스노우피크 사용자는 대부분 캠핑용품에만 관심이 있는 장비 마니아였습니다. 하지만 그동안 큰 변화가 있었습니다.

2018년에 제가 기획개발 본부장으로 취임했을 때, 우리 일의 존재 의의와 제공해야 할 본질적인 가치에 대해 본부의 멤버들과 함께 다시 한번 논의를 시작한 것이 변화의 계기가 되었습니다. 여기서 나온 답 중 하나가 바로 '상품 제조 후에 생겨나는 체험을 제공한다'는 것이었습니다.

애초에 캠핑은 자연 속에서 경험을 통해 '인간다움을 되찾는 행위'입니다. 그 도구를 제공하는 회사로서 스노우피크는 '자연과 인간', '인간과 인간'을 이어주는 역할을 합니다. 문명의 진화로 편리해진 현대 사회에서 '자연' 속 야외 활동을 제안하고 '인간성을 회복'하는 일을 제안합니다. 이

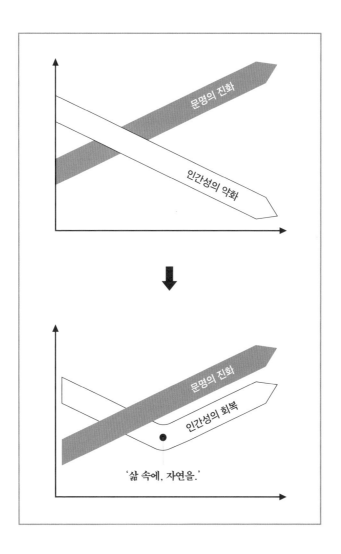

문명의 진화

인간성의 약화

문명의 진화

인간성의 회복

'삶 속에, 자연을.'

것이 스노우피크의 가장 큰 사명입니다.

스노우피크는 캠핑의 가치를 베이스로 하여, 입고, 먹고, 살아가는 인간의 모든 라이프 스테이지에 체험을 제공할 수 있다는 것을 깨달았습니다. 그래서 우리의 일은 제품과 서비스를 통해 고객의 체험 가치를 창출하고, 그 가치를 제공함으로써 인간의 인생 가치를 창출하는 것이라고 재정의했습니다.

'의·식·주·동·유·학'의 사업 영역으로

다음 해인 2019년에 제가 부사장으로 취임했을 때는 '의·식·주·동·유·학'을 통해 라이프 밸류를 제공하는 브랜드가 되자'라는, 앞으로 10년간의 브랜드 비전을 내걸었습니다.

스노우피크의 경영 이념은 창업 이후 세 번에 걸쳐 바뀌었습니다. 창업자인 조부가 내건 비전은 '자연 친화적인 라이프스타일을 제안하다'입니다. 그 후 라이프스타일이라는 단어가 일반화되면서 새로움이 사라져 부친은 '라이프스타일'을 '라이프 밸류'로 수정했습니다. 앞에서도 이야기했지만, 제가 부사장이 되어 좀 더 구체적인 표현이 없을까 고민하던 중에 문득 떠오른 것이 '의식주, 동, 유…'였습니다. 이 단어들은 스노우피크의 사업을 언어로 표현한 것입니다.

앞으로의 스노우피크는 옷, 음식, 주거 공간 등 인간이 살아가는 모든 영역을 사업 영역으로 보고 가치를 제공하고자 합니다. 이런 생각을 사원들에게 이해하기 쉽게 전달하는 것이 부사장이 된 저의 우선적인 목적이었습니다.

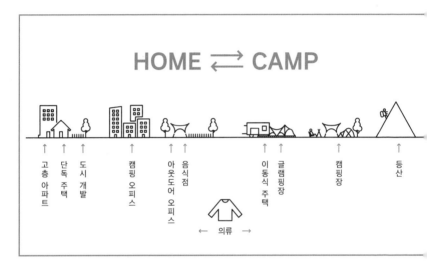

아웃도어뿐만 아니라 다양한 라이프 신과 라이프 스테이지를 아우르는 브랜드가 되다.

무엇보다 중요한 것은
사원의 주체성

저는 1988년쯤에 부친이 내건 미션 스테이트먼트인 '더 스노우피크 웨이'를 고치기로 마음먹었습니다. 아버지가 사장이었던 시대에는 사장이 비전을 명확하게 내걸고 추진해 나가는 톱다운 방식 경영이 주된 스타일이었습니다. 이에 비해 제가 잘할 수 있는 것은 멤버들과 계속해서 논의하는 보텀업 방식의 경영입니다. 사원들이 '나의 의견으로 스노우피크를 만들고 있다'라는 체험을 할 수 있어야 한다는 마음을 담아, 미션의 메시지를 수정했습니다. 다음은 수정한 부분 중 하나입니다.

"한 사람 한 사람의 '개성'이
가장 중요하다고 생각하고"

↓

"한 사람 한 사람의 '주체성'이
가장 중요하다고 생각하고"

물론 아버지 대부터 유지해 온, 스노우피크가 나아가고자 하는 가치의 방향은 바뀌지 않았습니다. 그렇지만 '주체성'으로 단어를 바꾼 것은 직원들이 조금 더 자신의 일로 인식하고 일할 수 있길 바라는 마음이 있었기 때문입니다.

The Snow Peak Way

우리 스노우피크는 한 사람 한 사람의 주체성이
가장 중요하다고 생각하고
같은 목표를 공유하는
진정한 신뢰를 바탕으로 힘을 모아
자연 친화적인 라이프 밸류를 제안하고
실현하는 글로벌 리더가 될 것입니다.

우리는 항상 진화하고 혁신하며
시대의 흐름을 바꾸어 나가겠습니다.

우리는 스스로 사용자라는 입장에서 생각하고
서로가 감동할 수 있는 체험 가치를 제공합니다.

우리는 지구상의 모든 것에
좋은 영향을 끼칠 것입니다.

'요람에서 무덤까지'
마을을 만듭니다

스노우피크를 상징하는 광대한 HQ에서 제가 앞으로 만들고 싶은 것은 바로 '마을'입니다. 즉 '의·식·주·동·유·학' 각 사업의 상품, 서비스, 체험을 꽉꽉 채워 넣은 하나의 마을을 만들려고 생각하고 있습니다. 스노우피크가 아웃도어 브랜드에서 인생 전반에 걸친 라이프 밸류 브랜드가 되는 과정을 눈에 보이는 시설로 구축하는 것입니다.

저의 머릿속에 있는 이상적인 모습은 하나의 마을, 그러니까 30세대 정도가 살 수 있는 공간입니다. 채소를 키우는 농가가 있고, 집을 고쳐주는 목공이 있고…. 커뮤니티 단위로 서로서로 도우며 생활하는 공간이 되었으면 좋겠습니다. 요람에서 무덤까지 자연 속에서 풍요롭게 누리는 인생 가치를 제공하는 시설 같은 이미지입니다. 만약 나이가 많아 직접 일하기 어려운데 후계자가 없는 농가가 있다면 농가의 분들은 스노우피크의 고령자 시설로 들어가고, 밭일은 마을 커뮤니티에서 도와주면 어떨까요? 이런 긍정적인 순환을 꼭 만들고 싶습니다.

광대한 필드를 활용해 이런 마을 구상을 실현하려는 가장 큰 이유는, 자연 속에서 즐겁게 살아가는 가치를 전 인생에 걸쳐 생활 속에 녹여내고 싶기 때문입니다. 캠퍼들은 '참견 정신'이 넘칩니다. 이렇게 서로를 도와야 본질적인 커뮤니티로 발전할 수 있습니다. 인간 사회의 원형이 바로 이러한 관계성이라고 생각합니다. 그리고 이런 자연과 인간을 이어주는 플랫폼이자 인간과 인간을 연결하는 커뮤니티가 바로 HQ입니다.

이를 위한 그다음 스테이지는 2023년 이후에 시작됩니다. 확장된 필드를 활용하여 라이프 밸류를 충분히 체험할 수 있는 시설을 개발할 계획입니다.

종합전시회
'라이프 엑스포'에서
만들어진 네트워크

2021년 7월에 HQ에서 개최한 종합전시회 '스노우피크 라이프 엑스포(이하 엑스포)'는 스노우피크에 굉장히 의미가 큰 행사였습니다. 지금까지는 소매 바이어를 대상으로 전시회를 진행했지만, 이번 엑스포에는 약 2,000명이나 되는 사람을 초대했습니다. 파트너 기업을 비롯해 기관투자자, 행정담당자, 상공회 관계자 등 스노우피크의 사업과 관련된 모든 사람들이 한자리에 모이는 개방적이고 거대한 전시회가 되었습니다.

이 엑스포의 목적은 크게 두 가지입니다. 하나는 '의·식·주·동·유'라는 사업 내용에 대한 외부인들의 이해를 돕는 것입니다. 그래서 각 사업부가 대형 텐트 내 부스를 설치하여 각각의 사업 내용을 방문객이 '체험'할 수 있도록 만들었습니다.

그리고 다른 하나는 스노우피크의 각 사업 목적과 구

상에 대한 이해를 통해 행사에 모인 관계자들 사이에 연결고리를 만들어, 지금까지 없었던 가치를 창출하는 것입니다. 이런 목적으로 진행된 대규모 전시회의 결과는 대성공이었습니다. 행사 당일의 모습은 미디어에도 보도되어 언론에 160건 이상 노출되었습니다. 무엇보다 가장 기뻤던 것은 저희의 사업에 대한 사람들의 이해를 얻었다고 실감할 수 있었던 점입니다.

계속해서 이어지는
신규 사업 제안

스노우피크가 진행하는 사업에 대해 보다 많은 분들의 공감을 얻게 되었다는 사실을 실감한 것은 이벤트 종료 후에 크고 작은 비즈니스가 40건 이상 진행되었기 때문입니다. 예를 들면 전시회장에서 티타늄 재료를 공급하는 한 업체가 "재활용 티타늄 라인을 늘리고 싶습니다."라는 의견을 냈습니다. 이 의견을 토대로 현재는 재활용 티타늄의 상품화를 위한 사업을 최종 조율 중입니다.

해외의 텐트 봉제공장에서는 "스노우피크에 좀 더 크게 기여하기 위한 새로운 공장을 짓고 싶습니다."라는 말이 나왔고, 벌써 해외에 스노우피크의 새로운 공장이 완성되었습니다. 이외에도 대형 하우징 업체가 "같이 자연과 밀접한 순환형 집을 만듭니다!"라고 하거나 의류업계에서 "캠핑장에서 자연과 사람을 이어주는 이벤트를 같이 해봐요!"라는 이야기도 나왔습니다.

　　지금까지는 '의' 사업에서는 의류 업체만, '식' 사업에서는 음식 업체만, '주' 사업에서는 주택 업체만이 파트너로 일했지만, '의·식·주·동·유'의 모든 사업을 동등한 선상에서 보게 되면서 다른 사업들과의 새로운 시도가 활발하게 이루어지게 되었습니다. '의'×주거 환경, '동'×자치 단체, '식'×레저 시설 등의 새로운 조합입니다. 이를 통해 각 사업의 파트너들도 번뜩이는 아이디어를 제안하며 생각의 틀을 깨고 나오기 시작했습니다. 그리고 여기에도 모닥불의 힘이 크게 작용했습니다.

엑스포에서 실감한
모닥불의 힘

　3일간 열린 엑스포에서 개인적으로 가장 놀란 점은 모닥불 시간의 뜨거운 분위기였습니다. 저녁 무렵에 약 한 시간 정도 모닥불과 의자만 준비했는데도 자연스럽게 사람들이 하나둘 모여들었습니다. 그리고 직원들이 말을 시작하기도 전에 알아서 서로 대화를 나누고 친목을 다졌습니다.

　자치 단체 관계자와 '식' 사업의 매입처가 새로운 비즈니스를 논의하기도 하고, 의류 중개 업체 바이어와 니가타의 IT기업 사이에 홈페이지 제작 발주 이야기가 나오기도 하고…. 같은 캠퍼끼리가 아니라 사업가들끼리도 모닥불이라는 중심이 있는 것만으로도 자연스럽게 커뮤니케이션이 이어졌습니다. 그 광경을 보고 모닥불의 힘을 다시 한번 실감했습니다.

↑ 개회식 직후의 전시회장. 캠핑장과는 어울리지 않는 정장 차림의 방문
객도 보인다.

↓ 사업별로 거대한 부스를 준비. 방문객은 그룹별로 장내를 돌아보았다.

↑ 레스토랑 사업을 소개하는 '식' 부스에서는 요리를 대접했다.

↓ 거실과 베란다를 재현한 '주' 부스

사회인에서
지구인으로

　"사회인보다는 지구인을 늘리자." 제가 최근 반년간 자주 사용한 표현입니다. 연말에는 다음 해의 경영 방침을 발표하는 '스노우피크 넥스트 웨이'라는 사내 이벤트가 있습니다. 2021년 말에는 2022년의 방침으로 다음과 같은 내용을 발표했습니다.

　"계속해서 캠퍼의 수를 늘려가는 것은 물론, 스노우피크가 제공하는 '의·식·주·동·유·학'의 가치를 경험하는 개인을 늘려봅시다. 이것이 커뮤니티가 되고, 커뮤니티가 지역 사회로 확대되어, 결과적으로 온 나라가 풍요로워집니다. 최종적으로는 지구 전체에 스노우피크의 라이프 밸류를 제공하여 전 세계를 풍요롭게 만들어 나갑시다."

　스노우피크의 가치관에 공감하는 사람, 자연과 인간에 대해 경의를 표하는 사람들은 사회인이 아니라 지구인적인 가치관을 가진 사람이 아닐까요? 그러니 "사회인보다는 지구인을 늘리자."라고 표현한 것입니다.

제가 이런 표현을 이야기하게 된 이유가 있습니다. 일본의 상장 기업이라면 현재 ESG(환경·사회·지배 구조)의 정보 공개를 요구받고 있지만, 이산화탄소$_{CO_2}$ 감축률 등은 사실 전부 수치상의 이야기입니다. 지정된 수치 목표를 달성하는 것도 물론 중요하겠지만, 이를 통해 지구 환경이 얼마만큼 개선되었는지는 확인하기가 굉장히 어렵습니다. 실제 소비자는 자신의 행동이 환경 문제에 어떻게 얼마나 기여하는지 알기가 더 어렵습니다.

한편 우리의 사업은 자연에서 멀어진 사람들을 다시 한번 자연과 이어주는 일입니다. 지구라는 대자연 속에서 생활하는 '지구인'의 가치관을 깨닫는 사람을 늘려가는 일입니다. 이것은 물이 어떻게 순환하는지를 아는 것일 수도 있고, 모닥불에 적합한 나무가 어떤 종류인지를 아는 것일 수도 있습니다. 자연계의 원리와 원칙을 배우고 지구인이 되고 나서야, 환경에 대해서도 본질적인 액션을 취할 수 있다고 생각합니다.

다음 엑스포를
앞두고

두 번째 엑스포가 되는 2022년 7월의 엑스포 테마는 '지구인으로 이어지고 싶다'입니다. 각 사업 부스의 설계도에서 먼저 사회인으로 실현할 수 있는 미래를 제시하고, 그다음에 지구인으로 실현할 수 있는 미래를 보여주는 흐름으로 생각하고 있습니다. 방문하는 사업 파트너들의 마인드셋을 사회인에서 지구인으로 바꾸게 만드는 장치입니다.

사회인으로서의 목적은 회사의 이익 추구나 핵심성과지표KPI의 달성일 수 있습니다. 하지만 지구인이 되어 생각하면 '내 일의 가치는 최종적으로 어디로 이어지는 거지?'라는 의문이 생깁니다. 그런 점에서 스노우피크가 새롭게 구상한 것이 '라이프 비오톱 컨소시엄'이라는 비즈니스 플랫폼입니다. 비오톱은 생태계라는 의미로, 지구에 사는 인간으로서 같은 시선을 가지고 활동하는 '공동 기업체'라는 이미지를 그렸습니다. 예를 들어 재활용 프로젝트를 시작한다

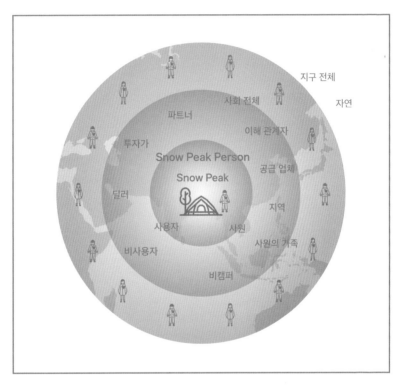

'스노우피크 사용자, 나아가 그다음, 또 그다음으로 이어지는 사람, 자연, 환경'으로.

면 이를 공통의 플랫폼에서 가시화하여 파트너 기업끼리 정보를 공유하고 각자 가장 잘하는 분야를 살려 환경을 배려한 사업을 추진할 수 있습니다.

저는 '더욱 풍요로운 사회를 만들어 자연 친화적인 인생 가치를 제공한다'라는 미션에 공감해 주는 사람들과 함께 세상에 혁신을 일으키고 싶습니다. 스노우피크와 비즈니스 파트너의 이러한 마인드셋이 다르다면 미래로 이어질 수 없습니다. 같은 지구인으로서 인간을 위해, 사회를 위해, 지구를 위해 무엇을 할 수 있을지 생각하는 관점이 필요합니다. 앞으로도 스노우피크 엑스포가 그러한 상징이 되었으면 합니다.

*

2024년에 매출 전체의
40퍼센트를 노리는 글로벌 전략

2년 3개월 만에 방문한
미국에서 느낀 점

2022년 5월, 2년 3개월 만에 저는 미국에 갔습니다. 보통 때라면 오리건주 포틀랜드에 있는 스노우피크 USA 헤드쿼터스(글로벌 HQ)로 직행했겠지만, 이번에는 뉴욕에서 차로 포틀랜드의 본사까지 가기로 했습니다. 예전부터 미국 대륙을 횡단해 보고 싶었기 때문입니다.

대륙 횡단의 목적은 앞으로의 미국 사업을 염두에 두고 현지의 분위기를 피부로 느껴보기 위해서였습니다. 60세를 넘어서 처음 해본 경험은 다양한 의미에서 좋은 자극이 되었습니다.

7일간 약 3,000마일(4,828킬로미터)을 달리면서 '미국은 머리로 이해하는 것 이상으로 큰 나라다'라고 실감했습니다. 네브래스카를 지날 때는 강풍으로 커다란 트럭 4대가 전복된 모습을 보고 모든 것의 스케일이 다르다고 느꼈습니다.

저는 원래 운전을 좋아하기 때문에 일본에서도 니가타에서 구마모토까지 1,300킬로미터를 하루 만에 이동한 적도 있습니다. 이번에는 하루 평균 700킬로미터 정도를 이동하면서 지도 앱으로 분기점마다 캠핑장이 있다는

사실을 확인하고, 새삼스럽게 개척하는 일에 보람이 있다고
느꼈습니다.

저는 현재 미국 등 해외 진출의 글로벌 전략을
담당하고 있습니다. 당초에는 2019년 후반부터 미국 사업의
규모를 키우기 위해 오리건주 포틀랜드로 거점을 옮길
예정이었습니다. 하지만 마침 그때 코로나19가 확산되면서
최근 2년간은 일본에 머물며 현지 직원과 온라인으로
커뮤니케이션을 했습니다.

스노우피크는 미국의 아웃도어 업계에서도 높은 평가를
받고 있습니다. 미국 최대의 아웃도어 용품 판매점인 REI는
캠핑용품 브랜드로는 전 세계에서 유일하게 스노우피크를
전략적 파트너로 선택했습니다. 이는 '미래를 만들 수 있는
브랜드'로 인정받았다는 증거입니다. 그들도 '가까운 미래에
스노우피크는 미국에서 새로운 캠핑의 세계관을 만들
것이다'라고 기대를 하고 있습니다.

한편 소비자층에서 보면, 스노우피크는 아웃도어
마니아들 사이에서는 인지도가 높아지고 있지만, 1990년대
후반 미국 진출 초반의 '고성능 백패킹 브랜드'라는 이미지가
남아 있던 것도 사실입니다. 그래서 2021년도부터 'TAKIBI
Fire&Grill(모닥불 파이어&그릴)'이라는 캐치프레이즈를
내걸고 비주얼로는 스노우피크의 화로대, 로테이블, 로체어,

타프를 스타일링하여 '화로대를 둘러싸고 식사를 하며 소통한다'라는 세계관을 내세우기 시작했습니다. 고급스러운 느낌을 내기 위해 텐트와 타프를 전부 하얀색(북미 한정 사양)으로 통일했습니다. 여기에 난연 가공도 하여 기술력도 어필했습니다.

이렇게 구성한 비주얼 스타일이 알려지기 시작하면서 2019년도에 5~6억 엔이었던 매출이 2021년도에는 20억 엔, 2022년도에는 30억 엔에 달할 것으로 보입니다. 이러한 매출 증가는 텐트, 타프, 가구 등 캠핑용품 판매를 통해 이루어졌습니다. 드디어 미국에서의 스노우피크의 브랜드 이미지가 '고급스러운 캠핑 브랜드'로 바뀐 것입니다.

라이벌은 캠핑장의 상설 설비

이번 방문으로 저는 미국에서 스노우피크의 라이벌이 무엇인지 알게 되었습니다. 1980년대 후반부터 1990년대 전반, 제가 오토캠핑 사업을 시작했을 무렵 스노우피크의 라이벌은 '캠핑은 가난한 것'이라는 개념이었습니다. 이 가치관을 '캠핑은 세련된 것이다', '캠핑은 인생을 풍요롭게 만든다'라는 식으로 바꾸기 위해 오랜 시간 싸워온 경험이 있습니다.

미국은 캠핑을 굉장히 많이 하는 나라로, 통계에 따르면 인구의 약 40퍼센트가 최근 1년간 1회 이상 캠핑을 했다고 합니다. 총인구 3억 2,900명 중 40퍼센트이기 때문에 약 1억 3,000명이 과거 1년간 캠핑을 했다는 말이 됩니다. 이 숫자는 일본의 약 20배입니다. 엄청난 규모입니다. 그런데 최근 100년간 캠핑의 스타일은 전혀 변하지 않았습니다. 특히 캠핑장은 전혀 발전하지 않았습니다.

미국에는 캠핑장이 3만 5,000개 정도 있는데, 절반은 국가나 주가 관리하는 공공시설입니다. 대부분은 국유림 안에 있으며 1박에 10~20달러로 이용할 수 있습니다. 예전의 일본과 마찬가지로 '캠핑은 저렴하게 즐길 수 있는 레저'라는 가치관이 아직 강하게 남아 있습니다. 게다가 이런 공공 캠핑장에는 반드시 '피크닉 테이블'과 '파이어핏'이라 불리는 설비가 준비되어 있습니다. 피크닉 테이블은 일본에서도 국립공원 등에서 볼 수 있는데, 나무를 잘라 만든 벤치가 달린 테이블 세트를 말합니다. 파이어핏은 'ㄷ' 모양의 콘크리트나 벽돌로 만든 간이형 화덕 같은 것입니다.

미국인에게 오토캠핑은 100달러짜리 텐트를 가지고 적당한 캠핑장에 가서 상설 피크닉 테이블에 앉아서 파이어핏에 음식을 만드는 것입니다. 그래서 캠핑용품 브랜드,

특히 스노우피크 같이 풍요로운 캠핑 스타일을 제안하는 업체의 라이벌은 이 피크닉 테이블과 파이어핏입니다(웃음). 앞으로 파이어핏은 화로대와 그릴로, 피크닉 테이블은 장시간 앉아도 편한 의자와 높이 조절이 가능한 테이블로 바꿔나갈 필요가 있다고 절감했습니다.

현재 미국에서도 스노우피크 캠핑장 개발이 진행되고 있으며, 2023년 가을에 오픈할 예정입니다. 스노우피크다운 시설을 만들어 고급스러운 캠핑 스타일을 정착시키고 싶습니다. 아마도 이곳을 찾는 대다수의 캠퍼는 스노우피크의 캠핑장에도 피크닉 테이블과 파이어핏이 있다고 생각할 가능성이 큽니다. 그렇기 때문에 테이블과

미국의 사용자들과 함께한 모닥불(TAKIBI)

의자를 무료로 빌려주거나 화로대를 대여해 주는 방법을 검토 중입니다. 그러고 나서 미국의 캠퍼들에게 '피크닉 테이블과 스노우피크의 테이블&체어 중 어느 쪽이 쾌적합니까?'라고 물어보고 싶습니다. 비교를 해보면 분명 스노우피크를 선택해 줄거라 생각합니다. 이런 풀뿌리운동 같은 활동을 꾸준히 이어 나가면서 캠핑에 대한 한 사람 한 사람의 개념을 바꾸어주고 싶습니다.

앞으로의 과제는 전용 매장의 개발

미국에서도 점차 열광적인 스노우피커가 생겨나고 있습니다. 포인트 카드 제도는 2023년도부터 시작할 예정이지만, 이른바 블랙 등급이라고 불리는 누적 금액 100만 엔 이상의 사용자가 이미 100명 이상 있습니다. 여명기의 스노우피크를 응원해 주고 지지해 준 일본의 스노우피커처럼 미국에서도 열광적인 팬이 점점 나타나고 있다는 것은 굉장히 기쁜 일입니다.

스노우피크의 미국 본사가 오리건주에 있기 때문에 사용자는 분명 그 주변에 사는 사람들일 거라 생각했습니다. 그런데 막상 조사를 해보니 캘리포니아, 콜로라도 등 먼

미국 오리건주의 직영점

곳에서 자동차를 타고 스노우피크 매장을 방문하는 사람들도 많다는 사실을 알게 되었습니다. 그중에는 근처의 숍에서 스노우피크 제품을 팔지 않아서 비행기를 타고 포틀랜드까지 쇼핑을 하러 오는 사람도 있었습니다.

저희 브랜드를 알게 된 경위는 제각각이지만, 역시 점포 수가 많은 REI의 매장에서 상품을 발견했다는 사용자가 많았습니다. 하지만 REI는 제품 카테고리별로 매장이 구분되어 있기 때문에, 스노우피크 전체의 퀄리티를 입체적으로 알리는 것은 어렵다는 과제가 남아 있습니다.

일본 국내에서는 저의 강한 집념으로 2020년 이후에 모든 숍에서 스노우피크 단독 코너를 만들었습니다. 매장의 형태는 직영점, 숍인숍(스노우피크 마이스터가 상주하는 대형 매장 내 전문 매장), 인스토어(스노우피크 직원이 상주하는 대형 매장 내 전용 매장), 엔트리스토어(입문자 전용 매장)로 통일되었고, 모두 스노우피크가 직접 만든 매장입니다. 이런 정책을 미국에서도 해나려고 합니다. REI의 점포 안에서도 언젠가 스노우피크 숍인숍이나 인스토어를 만들 수 있으리라 믿습니다.

해외에서 전체의 40퍼센트의 매출을
목표로 하다

2021년도 일본 시장의 매출은 195억 6,000만 엔,
미국, 아시아, 유럽을 합친 해외 매출은 55억 6,000만
엔이었습니다. 해외 매출의 점유율은 22퍼센트입니다. 중기
경영 계획에서는 이를 2024년도에 40퍼센트까지 올리는
것을 목표로 하고 있습니다.

아시아와 유럽 시장의 현 상황에 대해서도 설명해
보겠습니다. 스노우피크의 고급스러운 캠핑 스타일을
일본에서 그대로 수입해 성공한 곳이 한국입니다.
2008년에 한국 현지 법인 '스노우피크 코리아'를 설립하고
2013년에는 스노우피크가 제안하는 세계관을 표현하기
위해 직영점과 애프터서비스 센터, 오피스 기능을 합친 'HQ
라운지' 스토어를 오픈했습니다. 한국에서도 사용자와의
커뮤니케이션을 최우선시하여, 2009년에 캠핑 이벤트인
스노우피크 웨이를 시작으로 이후에도 매년 다양한 필드
이벤트를 개최하고 있습니다.

한국은 원래 등산 왕국입니다. 인구 약 5,000만 명
가운데 한 달에 두 번 이상 등산을 하는 사람이 1,800만
명에 달한다고 합니다. 이것이 최근에는 캠핑으로 바뀌어서

일본과 마찬가지로 고급스럽고 세련된 스타일의 캠핑이 인기입니다. 2019년쯤에는 잠시 주춤했었지만, 코로나19의 영향으로 다시 캠핑 붐이 일어났습니다. 2021년에는 체험형 복합시설인 '스노우피크 랜드스테이션 하남점'이 오픈하였으며, 여전히 앞으로의 성장을 기대하고 있는 시장입니다.

　　대만은 인구는 많지 않지만 한국과 같은 전략을 추진하고 있습니다. 고객들의 캠핑 수요는 높은 수준으로 유지되고 있으며 텐트나 타프 등의 상품과 함께 조리 도구와 식기구도 판매율이 높다고 합니다. 2021년 8월에는 세 번째

직영점인 '스노우피크 타이중'을 오픈했습니다.

그리고 한국에서 크로스보더 이커머스 형태로 판매 강화를 노리는 중국도 SNS를 통한 고객과의 소통과 숍인숍의 점포가 성공을 거두고 있습니다. 예전에는 일상적으로 사용하는 머그컵이나 텀블러 등의 제품이 잘 팔렸지만, 2021년 이후에는 텐트, 테이블, 의자, 침낭과 같은 캠핑 용품이 팔리기 시작했습니다. 상하이와 베이징의 백화점 내 숍인숍의 매출도 상승 중이기 때문에 멀지 않은 미래에 본격적으로 중국 시장에 진출하는 단계가 올 것 같습니다.

영국의 매장 내 모습

3기째에 흑자로 돌아선 유럽 시장

유럽 시장 공략을 위해서 2018년에 설립한 곳이 '스노우피크 런던'입니다. 2019년 10월에 런던 중심지에 플래그십 스토어를 오픈하고 본격적으로 사업 진출을 시작했습니다. 그런데 타이밍이 좋지 않아 브렉시트(영국의 유럽연합 탈퇴)가 시작되었고, 그 이후에 바로 코로나19라는 역풍을 맞으며 힘든 첫 출발을 했습니다.

2020년도는 런던 락다운의 영향으로 직영점의 매출이 심각한 상황에 빠졌지만, 화로대를 중심으로 한 판매 전략과 현지 기업과의 제휴로 브랜드 인지도를 높여갔습니다. 그리고 3년째에 비로소 흑자로 전환할 수 있었습니다.

지금은 기업과 소비자 간의 전자상거래$_{BtoC}$보다는 기업과 기업 간의 전자상거래$_{BtoB}$를 중심으로, 런던에 거점을 두고 유럽의 거래처에 영업을 하고 있는 상황입니다. 제4의 시장으로서 유럽 시장 역시 앞으로 크게 키워가고 싶습니다.

저는 어린 시절의 많은 시간을 캠핑장과 쓰바메산조의 공장에서 보냈습니다.
그때 주변에 있던 아웃도어인과 장인들이 현재의 저에게 큰 영향을 끼쳤습니다.
그런 저의 내면을 한번 들여다보겠습니다.

3

실무 교육이 아닌

아웃도어 교육을 통한 성장

초등학생 때까지
주말마다 캠핑을 다니다

저는 캠핑이 당연한 가정에서 자랐습니다. 생후 6개월에 캠핑에 데뷔했습니다. 제가 태어나기 전해인 1986년에 아버지가 조부가 경영하는 스노우피크에 입사했습니다. 당시는 신규 사업으로 오토캠핑용 제품을 개발하던 시기였습니다. 회사에서 '가족 단위로 자연을 즐기는 가치를 제공하다'라는 비전을 내걸었기 때문에 야마이 집안이 실험 대상이 되어 새로운 장비의 필드 테스트 등을 하며 캠핑장에서 자랐습니다.

당시에도 아버지를 중심으로 한 아웃도어 커뮤니티가 있었습니다. 주요 멤버는 고향인 니가타현의 사람들과 제품 개발을 같이하는 사원들이었습니다. 개성이 넘치는…이라기보다는 강렬한 개성을 가진 아웃도어인이 주변에 많아서 그런 아웃도어 활동을 통해 많은 것을 배웠습니다. 예를 들면 '이 풀을 불면 소리가 난다'라든가 '강이 자기 무릎 위로 오면 들어가면 안 된다'라든가…. 식사는 낚시로 물고기를 잡아서 먹기도 하고 들풀을 뜯어 먹기도 했습니다. 자연에 존재하는 것들로 살아남는 기술을 배웠습니다. 저는 초등학교 교실에서 진득하게 앉아 있는 것이 힘든 아이였기 때문에 아웃도어 교육을 통해 배운 것이 더 많았다고 할 수 있습니다.

그렇게 중학교에 입학하기 전까지는 거의 주말마다 캠핑을 다녔습니다. 아버지가 이벤트 등으로 바쁠 때는 가족 전원이 그 이벤트에 참가했습니다. 스노우피크 사용자와 함께 캠핑을 하면서 그들에게 보살핌을 받은 적도 있습니다.

아웃도어인은 아이라고 해서 특별한 취급을 하지 않습니다. 자연 속에서 위험한 행동을 하면 바로 주변 어른들에게 엄청나게 꾸지람을 들었고, 기특한 일을 하면 칭찬을 받았습니다. 인간과 자연을 사랑하는 아웃도어인 특유의 환경 속에서 어린 시절을 보낸 것이 저의 자아 형성의 기초가 되었습니다. 그래서 '자연의 은혜로 우리의 생활이 가능하다'라는 사실을 어린 시절에 깨달을 수 있었습니다.

캠핑에서 배운
상황 판단력과 회복력

어렸을 때는 텐트의 가이라인을 신경 쓰지 않고 달리다가 크게 넘어져 다친 일도 많았습니다. 자연 속에서 이렇게 하면 '호되게 당하는' 수가 있다는 신체적인 실패 체험을 여러 번 했기 때문에 그렇게 되지 않도록 앞으로 일어날 상황을 신경 쓰게 되었습니다.

예를 들면 구름의 움직임 같은 것입니다. 구름의 형태나 흐르는 속도를 보고 '한두 시간 뒤에 비가 올 것 같다'라는 느낌이 들면 비에 대비해서 우비와 갈아입을 옷을 준비합니다. 제가 일을 할 때 앞으로의 상황을 예상하고 준비하는 자세는 캠핑에서 배웠다고 생각합니다.

캠핑은 내가 제어할 수 없는 환경을 즐기는 행위입니다. 장작이 없어지면 추워지고, 물이 떨어지면 빨래나 요리가 힘들어집니다. 제한된 환경과 예상외의 사건 속에서 스스로 문제를 해결하는 것이 캠핑의 묘미입니다. 다양한 상황에 따라 스스로 최선의 선택을 해야 합니다. 순간적인 상황 판단력과 예상하기 힘든 사태에 대한 회복력은 캠핑을 통해 배운 것이 크다고 생각합니다.

아웃도어인에게 물려받은
'참견 정신'

    자연과 같이 살아가는 기술과 함께 저의 '참견 정신'도 아웃도어 활동으로 키워진 것 같습니다. 캠핑장에서는 '누군가 곤란한 상황에 처하면 주변의 누군가가 손을 내밀어 주는 시스템'이 돌아가고 있습니다. 텐트 설치를 도울 때도 있고, 요리 중에 부족한 조미료를 서로 빌릴 때도 있습니다. 도와줄 수 있는 사람이 도움이 필요한 사람을 도와주는 것입니다. 현대 사회에서는 희미해진 '서로 도움을 주고받는 정신'이 살아 있는 장소입니다.

    사실 저는 원래 주체적인 인간이 아닙니다. 하지만 무언가를 만들어낼 때는 '눈앞에 어려움에 처한 사람이 있으면 도와주고 싶다'라는 아웃도어인의 '참견 정신'이 기점이 됩니다. 아웃도어 제조 업체에서 의류 사업을 시작하게 된 것도 친구와 캠핑을 하다가 생긴 실패담이 하나의 계기가 되었습니다.

저는 패션을 공부하기 위해 도쿄에 있는 문화패션대학원대학에 다녔습니다. 어느 휴일, 동기에게 이끌려 오랜만에 캠핑을 갔습니다. 친구들은 전원 캠핑 미경험자였기 때문에 평소에 입는 옷을 입고 왔습니다. 사전에 알려주지 않은 제 잘못이었지만, 결과적으로 캠핑을 하면서 진흙과 숯 때문에 옷이 더러워지고 비에 흠뻑 젖기도 했습니다. 이런 친구들을 보고 '모처럼 캠핑을 왔는데 안타깝다. 야외 활동 때 입을 수 있는 패션성이 뛰어난 옷이 있었다면 더 즐거웠을 텐데'라는 생각이 들었습니다. 이런 생각이 후에 스노우피크의 의류 사업으로 이어진 것입니다.

제가 어린 시절에 만난 아웃도어인들은 모두 남을 잘 챙겨주었습니다. 어려운 일이 있으면 바로 도와주곤 했습니다. 그런 연유로 저에게도 이런 '참견 정신'이 깊이 스며든 것인지도 모르겠습니다.

강점은 공상하는 힘

캠핑으로 성장한 저는 항상 자연의 입장에서 문명사회를 바라보는 면이 있습니다. 이러한 시점이 경영자들 사이에서도 유니크한 점이 아닐까 생각합니다. 언제나 자연과 인간, 인간과 인간의 연결 고리가 약해졌다는 문제의식과 위화감을 가지고 있습니다. 그럴 때는 '지금보다 더 좋아지기 위해서는 무엇을 해야 할까'에 대해 이미지를 그리거나 공상하곤 합니다. 이러한 공상의 힘이 상품을 만드는 일은 물론 미래를 만드는 경영에도 도움이 된다고 느낍니다. 캠핑을 하는 시간에는 멍하게 보내는 '여백'의 시간이 존재합니다. 저는 어릴 때부터 이 시간에 자주 공상을 했습니다.

최근 제조 현장에서 요즘은 새로운 것이 나오기 힘든 시대라는 말을 자주 듣습니다. 결과만을 좇으며 사람들의 생각도 지나치게 많아지는 경향이 있는 것 같습니다. 제 경우에는, 오히려 여백의 시간에야말로 새로운 아이디어와 사람들에게 전할 말이 떠오르는 것 같습니다.

인간다움을 되찾는
니가타의 생활

2022년 연초부터 도쿄와 니가타 두 곳에 거점을 둔 생활을 시작했습니다. 스노우피크는 창업 이후 '인간성의 회복'을 미션으로 내걸고 있지만, 저 자신의 삶의 테마 역시 '인간다움을 되찾는 것'입니다. 코로나19의 확산으로 기분 전환조차 하기 어려운 상황에서 내내 일해 오다가 겨우 생활의 기반을 니가타에 둘 수 있게 되었습니다. 18세에 도쿄로 올라온 후부터 쭉 니가타로 돌아가고 싶다고 생각했기 때문에, 드디어 꿈이 이루어진 셈입니다.

니가타의 집은 본사에서 차로 10분 정도의 거리에 위치한, 80세대 정도가 같이 사는 작은 마을에 있습니다. 저는 2018년에 부지 면적 600평 정도의 오래된 민가를 구입해 리모델링을 했습니다. 결국 인간성의 회복이라는 것은 인간도 자연의 일부라는 감각을 되찾는 것입니다. 오래된 민가에서 살다 보면 번거로운 일이 많지만 그것을 하나하나 직접 해결해 나갑니다. 니가타에 있으면 나의 생활이 전부 자연 속에서 이루어진다는 실감이 납니다.

니가타에서는 경운기를 사용하여 마당의 밭을 갈아줍니다. 채소는 슈퍼마켓에서 간단하게 살 수 있지만, 직접 만들려면 시간을 들여 흙을 유심히 관찰해야 합니다. 그 시간이 나와 자연을 이어줍니다. 뒤뜰의 대나무 숲도 직접 관리합니다. 방치하면 대나무가 끝없이 자라기 때문에 일단 체인 소로 대나무를 자릅니다. 가지치기용 손도끼로 나뭇가지를 자르고, 조릿대는 흙으로 돌아가도록 지면에 깔아둡니다. 대나무 줄기는 여름에 건조해 두었다가, 겨울이 되면 잘라서 모닥불을 피울 때 불쏘시개로 활용합니다. 숲에서 얻은 대량의 죽순 요리도 꽤 만족스럽습니다.

문득 제가 이상적으로 생각하는 삶의 방식은 사실 '농민'에 가깝지 않나 하는 생각이 듭니다. 농민은 주변에서 일어나는 일은 전부 직접 해결합니다. 저를 구성하는 반은 아웃도어인이고, 나머지 반은 비즈니스인입니다. 사회성이 보장되면서도 자연과 공생하는, 그런 조화로운 아웃도어인이 되고 싶습니다.

모닥불을 피우는
이유

저에게 캠핑의 가장 큰 즐거움은 모닥불입니다. 모닥불을 피우기 위해 캠핑을 한다고 해도 과언이 아닙니다. 그만큼 모닥불을 피우는 일은 사랑할 수밖에 없는 행위입니다.

흔들리는 불길은 바라보는 것만으로도 마음에 위로가 됩니다. 그리고 모닥불 앞에서는 누구나 평범한 인간이 됩니다. 직함도, 나이도, 성별도 상관없습니다. 초면이라도 인간 대 인간으로 커뮤니케이션을 할 수 있습니다. 모닥불은 자연과 인간, 인간과 인간을 서로 이어줍니다. 스노우피크에 입사한 후에도 모닥불의 힘을 셀 수 없이 많이 느꼈습니다.

아주 오랜 옛날, 인간은 불을 알게 되면서 고기나 나무 열매를 조리하는 방법을 배웠습니다. 그리고 금속, 수지와 같은 공업 재료 역시 불 덕분에 만들 수 있었습니다. 인간은 불을 손에 넣었기 때문에 진화를 거듭했으며 문명도 발전했습니다.

　　모닥불을 피우거나 불을 이용하면 그 주변의 사람들과 물건들이 더 풍요로워집니다. 우리도 '스노우피크가 있어서 더 풍요로운 생활을 할 수 있게 되었다'라는 말을 듣는 존재가 되고 싶습니다. 원의 중심으로 사람들을 이어주고 세상을 밝히며 마음을 하나로 모으는, 그런 플랫폼이 되고 싶다고 불을 보면서 생각합니다.

쓰바메산조에서 키운
제조업의 정신

저는 어린 시절부터 아웃도어인들에게 둘러싸여 자랐다고 앞서 말했지만, 쓰바메산조의 장인들도 저의 인격 형성에 큰 영향을 주었습니다. 스노우피크는 1958년 창업 이후, 금속 가공으로 유명한 니가타현의 쓰바메산조 지역에서 사업을 했습니다. 현재 본사는 산조시의 광대한 산속에 있지만, 이전에는 금속 가공 공장이 모여 있는 공업 지대가 거점이었습니다. 장인들에게 둘러싸인 제조 현장이 여전히 저의 기억에 남아 있습니다.

재료를 만드는 제조 공장이 근처에 있었기 때문에 부모님이 바빴을 때는 자주 공장의 사장 부부가 저를 돌봐주었습니다. 공장과의 관계는 아주 끈끈했습니다. 그렇게 공장에 맡겨진 저는 장인들이 일하는 모습을 바로 옆에서 지켜보며 자랐습니다. 무언가를 만드는 모습을 지켜보는 일은 아주 즐거웠습니다. 아버지는 "쓰바메산조의 장인은 마치 연금술사 같다."라는 말을 자주 했습니다. 정말 아버지의 말씀대로 만들고 싶은 것을 말하면 장인들은 뭐든지 형태로 뚝딱 만들어냈습니다.

이런 특수한 환경에서 자랐기 때문인지, 저와 같이 일하는 동료들이 가끔 놀랄 때가 있습니다. "이런 사양은 불가능합니다."라는 말을 들어도 제가 "아니, 아니야, 될 거야."라고 반론하기 때문입니다. 의류 사업을 시작하고 새로운 옷을 만들 때도 항상 "안 되는 건 없어.", "깊게 고민하면 뭐든 할 수 있어."라고 말하곤 합니다. 뭐든 만들어내는 쓰바메산조 장인들의 기질이 몸에 배어 있기 때문입니다.

토지에 뿌리내린
문화를 입고 체험하다

어린 시절부터 쓰바메산조의 제조 현장을 보고 자랐기 때문인지 의류 사업을 시작할 때도 저는 '그 땅에서만 만들 수 있는 것을 만들자'라고 생각했습니다. 그런데 고향인 니가타현 안에서 생산 공장을 조사해 보니 폐업 직전의 공장밖에 없다는 사실을 알게 되었습니다. 패션 업계에 대량 생산·대량 소비의 파도가 밀려들면서 지방 공장의 일이 해외의 다른 나라들로 넘어가 버린 것입니다.

이런 상황을 목격하고 나니 저는 한층 더 '고향인 니가타에서 일이 없어 힘든 공장과 같이 옷을 만들어야겠다'라는 마음을 억누를 수 없었습니다. 그래서 동료들과 방직이나 염색 같은 특수한 기술을 가진 공장을 방문했습니다. 직접 작업 현장으로 들어가 만드는 사람들과 만나고, 그들의 기술과 의지를 보면서 꼭 이곳의 공장에 일을 의뢰하고 싶다고 협업을 제안했습니다. 이렇게 탄생한 것이 지역의

↑ 이와테현 이치노세키시에서 오랜 기간 축제 의상을 만들어온 교야 염색가
게와 공동으로 개발한 '로컬 웨어 이와테(LOCAL WEAR IWATE)'

↓ 이와테현 이치노세키시에서 개최한 로컬 웨어 투어리즘. 참가자들은 염색
가게의 작업장을 견학하고 체험했다.

기술력을 살린 '로컬 웨어LOCAL WEAR'입니다.

저의 공상은 점점 더 커졌습니다. '지금 입고 있는 옷은 어떤 공간에서, 누구의 손에서, 어떤 방식으로 만들어졌을까? 제조 현장을 체험한다면 내 안에서 물건에 대한 가치가 변하고 인간, 자연, 지역과의 새로운 연결 고리가 생기지 않을까?' 그래서 기획한 것이 사용자가 생산 현장을 체험하는 여행인 '로컬 웨어 투어리즘LOCAL WEAR TOURISM'입니다. 현재 이 투어는 니가타현과 이와테현에서 개최 중입니다. 앞으로도 지역의 전통적인 기술과 소재를 널리 알려서 폐업에 내몰린 여러 공장들의 상황을 조금씩이라도 함께 극복해 나가고 싶습니다.

↑ 니가타현 사도시에서는 모내기를 체험했다.

↓ 히로시마현 후쿠야마시에서 쪽 염색 체험을 하는 모습

야마이 2022 첫 여름 컬렉션

자연계의 럭셔리웨어
야마이(YAMAI)

2020년 봄/여름 시즌부터 새로운 브랜드 '야마이'를 런칭했습니다. 이제까지 디자인한 스노우피크 의류의 콘셉트는 '일상과 자연을 이어주며 기능성이 뛰어나고 쾌적한 옷'입니다. 그리고 새로운 라인 '야마이'의 콘셉트는 '자연계의 럭셔리웨어'입니다. 풍요로운 자연에서 얻은 기분 좋은 소재를 이용하여 천연 소재가 가진 장점을 그대로 살려 옷을 만듭니다. 풍요로운 자연의 에너지와 하나가 되는 옷입니다.

이 사업을 시작하게 된 경위는 크게 두 가지입니다. 하나는 '풍요로운 자연에서 탄생한 옷'을 의류 사업에서 눈에 보이는 형태로 만들어보고 싶었습니다. 다른 하나는 의류 업계에서 새롭고 고급스러운 옷을 만들고 싶었습니다. '자연에서 입는 천연 소재의 고급스러운 옷'이라는 장르는 좀처럼 찾아보기 어렵습니다. 쭉 자연과 마주해 온 회사인

스노우피크에서 자연계의 럭셔리웨어라는 새로운 선택지를
만들고자 했습니다.

자연 유래 소재로
필요한 만큼만 만드는 모델

　　지금은 아웃도어 제품에서도 폴리에스테르나 나일론 등 PET 원료의 합성 소재가 많이 사용됩니다. 이는 원래 실크의 대용품으로 만들어졌습니다. 예전에 기호품으로서 실크의 수요가 높았을 때는 공급이 수요를 따라가지 못해서 양잠을 시작했지만, 이조차 부족하여 대용품으로 탄생하게 된 것입니다. 참고로 현재 야생 누에로 만드는 실크는 7퍼센트 정도입니다. 인도, 태국, 캄보디아 주변에만 겨우 남아 있다고 합니다.

　　일본 국내에서 이루어지는 면 생산은 거의 없다고 보면 됩니다. 대부분을 인도, 미국, 남미에서 수입하고 있습니다. 일본의 기후는 면 재배에 적합하지 않기 때문에 예로부터 마를 더욱 활용해 왔습니다. 그렇지만 마도 다양한 규제로 인해 재배 농가가 급격하게 줄어들었습니다. 이제 원료부터 일본 국내에서 만들 수 있는 소재는 합성 소재 정도입니다.

전 세계에서 유일하게 원료부터 생산까지 자국 내에서 완결할 수 있는 나라는 인도입니다. 정보기술(IT)이 발전하는 한편 간디의 시대부터 '인도의 발전은 실을 뽑아 그 실로 직물을 짜는 것'이라는 생각을 확고하게 지켜왔기 때문이라고 생각됩니다. '야마이'에서는 야생 누에고치에서 뽑아낸 실크를 비롯해 전 세계의 다양한 천연 소재를 사용합니다. 천을 손으로 짜고 직접 자수를 놓아 진흙, 초목, 먹물 등의 천연 염료로 색을 들여 완성합니다.

앞으로는 일본 국내에서 옷감의 생산부터 봉제까지 전부 해보고 싶습니다. 이를 실현하기 위해서는 농업부터 시작해야 하기 때문에 벽이 굉장히 높습니다만 이러한 생각을 버리지 않고 언젠가 실현해 보려고 합니다.

스노우피크 역시 영리를 목적으로 생산 활동을 하는 회사이기 때문에 매출은 중요합니다. 한편 대량 생산·대량 소비가 이루어지는 사회에서 필요 이상의 것을 필요 이상의 자원을 사용하여 만드는 일에는 위화감을 가지고 있습니다. 대자연에서는 가능한 범위 안에서 필요한 것을 필요한 만큼 만드는 것이 철칙입니다. 아웃도어 활동을 통해 키운 이런 생각들이 제 안에 깊이 남아 있습니다.

현재 스노우피크는 '의·식·주·동·유·학'을 중심으로

사업 영역을 확대하고 있습니다. 신규 사업을 담당하는 사원들은 모두 캠핑을 하는 아웃도어인입니다. 참견 정신과 공상의 힘으로 모든 과정을 중요하게 생각하며 새로운 상품의 제조에 도전하고 있습니다. 다음 페이지에서는 사원들의 설문조사를 잠깐 소개하고, 마지막 장에서 스노우피크의 사업을 최전선에서 책임지는 12명의 사원들이 어떤 생각을 가지고 어떤 일을 하고 있는지 자세히 알려드리고자 합니다.

사원 설문조사에서
알게 되다

야마이 리사 사장은 어떤 사람?

야마이 사장은 어떤 리더인가?

항상 인간의 본질을 의식하는 리더. 기업인이기 이전에
'인간으로서, 좀 더 올라가자면 생물로서 어떤 선택을 해야
할까'라는 근원적인 판단 기준으로 조직을 이끄는 리더.

- 입사 12년 차, 지방 창생 컨설팅

우리가 나아가야 할 방향을 제시해 주는 리더. 우리가 아직
가지지 못한 사고와 비전, 가져야 할 자세를 상상하게 해준다.

- 입사 1년 차, 총무부

항상 새로운 사람·물건·일을 의식적으로 인풋하고, 미래에
'우리가 되어야 할 모습'에 대해 도전 정신이 넘친다.

• 입사 19년 차, 미래개발본부

엄격한 속에 다정함이 있다. 큰 비전을 가지고 현장까지
파악하고 있다. 추진력이 엄청나다. 그리고 타협도 없다.

• 입사 7년 차, 고객창조본부

야마이 도오루 회장은 경영, 설계, 카탈로그 제작 등 뭐든
해내기 때문에 그의 등 뒤에 사람들이 붙어 있는 느낌이
들었지만, 야마이 리사 사장은 주변에 사람이 모여들어
함께하는 리더다. 모닥불을 둘러싸듯 사람들이 모이는 중심에
사장이 있는 것 같은 느낌이다. 본사 확장, 엑스포 개최 등
반년 전만 해도 가능할지 모르겠다고 생각한 일들을 전부
실현했다. 통솔력이 대단하다고 생각하지만, 실제로 만나보면
따뜻하면서 꾸밈이 없는 스노우피크 패밀리라는 생각이 든다.

• 입사 12년 차, 경리본부

야마이 사장에게 들은 인상적인 말은?

'야생'. 사내 미팅에서 '인간성'과 함께 '야생'에 대해
이야기했다. 인간이 본래 가지고 있어야 할, 스스로 판단하는
능력의 중요성에 대한 이야기가 인상적이었다.

●입사 19년 차, 미래개발본부

'스노우피크는 하고 싶은 일을 실현할 수 있는 회사.' 조직이나
회사란 원래 자기가 하고 싶은 일을 미뤄두고 회사에서
주어진 일을 하는 곳이라는 이미지를 가지고 있었다. 하지만
이곳에서는 사장 본인이 하고 싶은 일을 형태로 만들어낸
적도 있고, 스노우피크는 정말 하고 싶은 일을 실현할 수 있는
회사라는 말을 들었다. 나 역시 뭐든 포기하지 않고 꿈을 좇아
형태로 만들고 싶다고 생각한다.

●입사 8년 차, 미래개발본부

'답을 굳이 말하지 않는다.' 회의를 할 때 지시하는 것이
아니라 어떻게 하면 더 좋은 개선책으로 연결할 수 있을지
묻는 자세가 인상적이었다.

●입사 12년 차, 사업창조본부

입사 면접에서 스노우피크가 컬래버레이션을 하고 싶은 기업에 대해서 사장에게 질문했을 때, "스노우피크의 방향성과 맞는 기업이 아니면 컬래버레이션은 할 수 없다."라는 대답을 들었다. 무턱대고 외부와 무언가를 같이하는 곳은 아니라고 느꼈다.

●입사 2년 차, 직영점포부

'회사 안팎의 경영진과 주로 이야기하고 있다. 하지만 사실은 현장 직원들과 직접 이야기를 나누며 내 생각을 전하고, 시야를 넓히고 싶다.' 회사가 크게 성장하는 것은 사원으로서 기쁜 일이지만 한편으로는 경영과 현장, 부서 간의 거리가 벌어지는 느낌이 든다. 그래서 등장한 아이디어가 '모닥불 토크'. 기획부터 행동으로 옮기는 속도가 대단하다고 느꼈다.

●입사 3년 차, 미래개발본부

'나 역시 야마이 도오루가 될 수는 없다.' 전임 상사와 기술적으로 엄청나게 실력 차이가 나서, 언젠가 매니저가 된다는 불안감이 있다고 야마이 사장에게 이야기했을 때 들은 말. 내 안에서 일에 대한 결심을 굳히게 된 이유 중 하나다.

●입사 8년 차, 품질향상과

야마이 사장에게 '이렇게 해줬으면 좋겠다'라고 생각한 부분은?

젊은 직원, 새로 들어온 직원에게 더 많은 커뮤니케이션 기회를 주었으면! 올해부터 시작한 사원과의 일대일 모닥불 토크 같은 기회가 정말 소중하다고 느꼈기 때문이다.

●입사 8년 차, 사업창조본부

물건을 만들고, 일을 만드는 것에 대한 열정을 보다 적극적으로 표현해 줬으면 좋겠다. 사업이란 원래 그런 것이라고 하면 수긍할 수밖에 없지만, 사장이 아닌 야마이 리사 개인으로 표현하고 싶은 것이 더 있지 않을까 마음대로 생각해 봤다.

●입사 8년 차, 품질향상과

기탄없이 사내에 지원 요청을 해줬으면 좋겠다. 어디까지 할 수 있을지는 모르겠지만, 사장의 일을 쉽게 만드는 것이 사내의 서포트 시스템이라고 생각한다.

●입사 5년 차, 총무본부

야마이 사장의 좋은 점은?

대담한 성격. 결단력이 좋아서 보기만 해도 기분이 좋다.
말도 확실하게 하기 때문에 들을 때 속이 시원한 부분이 많아
사원들이 받아들이는 속도도 빠르다. 같이 기획 업무를 했을
때도 디자인을 그리는 선에 망설임이 없었다. 수정 방법도
대담하여 주저 없이 가위를 대고 샘플에 직접 그리는 등
그녀와 함께 제품이 완성되는 과정을 보고 있으면 굉장히
재미있다.

●입사 8년 차, 미래개발본부

직접 상담을 들어준다.

●입사 7년 차, 고객창조본부

HQ스토어(본사 병설 직영점)에 직접 모닥불용 장작을 사러
온다. 사원에게 말을 걸 때 목소리가 상냥하다.

●입사 2년 차, 직영점포부

일본식 라면을 좋아한다. 상장 기업 사장의 이미지라면
언제나 세련된 레스토랑에서 식사를 할 것 같지만, 야마이
사장의 인스타 스토리에는 돼지고기 라면 사진이 종종

올라온다. 이것을 보면 뭔가 마음이 편안해진다.

• 입사 3년 차, 미래개발본부

어떤 직원과도 어깨에 힘을 주고 대화하지 않는다. 반려견을 키우는 직원들과 함께 간 캠핑에서 연령과 부서가 제각기 다른 직원들과 밤이 깊어질 때까지 모닥불 앞에서 세상 사는 이야기를 나눴다.

• 입사 12년 차, 사업창조본부

따뜻하고 자연스럽다. 사원총회에서 상을 받았을 때, 사전에 전달받지 못한 채 갑자기 이름이 호명되어 단상에 올라갔다. 긴장했지만 평소의 야마이 사장의 웃는 얼굴과 목소리에 안심이 되어 눈물이 날 뻔했다.

• 입사 12년 차, 경리본부

사원총회 모습

스노우피크의 신규 사업은 '의·식·주·동·유·학'으로 확대되고 있습니다.
미지의 영역을 개척해 온 사원들이 각각의 사업 내용과 새로운 시도,
사고방식 등에 대해 소개합니다.

스노우피크의 든든한 버팀목 —

최전선에서 뛰는 사원들

4

스노우피크 어패럴의
두 가지 강점

스노우피크의 의류 사업은 2014년부터 시작되었다. 의류 분야의 실적은 점점 증가하고 있으며, 아시아, 유럽 시장으로 확대 중이다. 의류 사업 초기부터 개발과 제조를 담당해 온 스가 준야와 영업을 담당하는 가토 도시야의 이야기를 들어보겠다.

*
기획개발본부 어패럴 개발부
이그제큐티브 크리에이터 스가 준야

영업본부 판매계획부
시니어매니저 가토 도시야

소재를 중요시하면서,
평소에도 입을 수 있는 기능복

의류 사업이 시작된 2014년, 스노우피크에 대한 세상의 이미지는 분명 '캠핑용품 브랜드'였을 겁니다. 스노우피크가 내건 '삶 속에, 자연을.'이라는 콘셉트를 더 많은 사람들에게 알리기 위해서는 캠핑용품만으로는 한계가 있었습니다. 그래서 캠핑 이외의 새로운 분야로서 야마이 사장의 입사와 함께 시작된 것이 의류 사업이었습니다.

당시만 해도 캠핑에 적합한 디자인과 기능을 겸비한 옷이 거의 없었습니다. 대부분 아웃도어 장비에 가까운 옷만 출시되었고, 디자인 역시 일상생활에서는 입기 어려운 것뿐이었습니다. 캠핑장에서도, 집에서도 쾌적하게 입을 수 있는 옷이라는 제품을 찾기가 힘들었습니다.

야마이 사장과 저는 "회사에 입고 온 옷 그대로 캠핑에 갈 수 있다면 정말 이상적이겠다."라는 이야기를 자주 했습니다. 이 이야기를 통해 집과 캠핑장을 오고 갈 수 있는 옷이라는 콘셉트가 만들어졌습니다. 지금은 다양한 브랜드에서 '어반 아웃도어'를 표방하는 옷을 출시하고 있지만, 이 분야에서는 스노우피크 의류가 그 선구자라 할 수 있습니다.

기능성과 쾌적한 착용감을 전부 갖춘 옷

스노우피크 어패럴의 특징은 뛰어난 기능성 소재를 사용하면서도 평소에 입을 수 있는 디자인으로 만들었다는 점입니다. 피부에 닿는 느낌도 좋고, 피부에 달라붙지도 않아 쾌적합니다. 무엇보다 활용성과 착용감이 양립 가능한지를 중요하게 생각했습니다. 기능이나 디자인 이전에 '우리가 쾌적하게 입을 수 있는 옷'을 만들고 싶다는 마음이 강했습니다.

기능을 우선시하면 아무래도 스포츠웨어 같은 느낌이 되어버립니다. 그렇게 되지 않도록 스노우피크가 주력하고 있는 것이 바로 소재 개발입니다. 예를 들면 타키비TAKIBI 시리즈에서 사용하는 아라미드라는 최고의 난연 소재가 있습니다. 이 소재를 그대로 사용하면 작업복처럼 뻣뻣해서 착용감이 좋지 않습니다. 그래서 난연성을 유지한 상태로 실의 양을 조정하여 직물의 무게를 가볍게 하거나, 색이 빠진 느낌을 추구합니다. 또한 각 소재를 생산하는 브랜드와 함께 사용자의 구체적인 상황이나 용도, 감성적인 부분을 긴밀히 협의하여 제품을 개발하고 있습니다.

물론 기성 제품으로 만들어진 옷감을 사용하면 제작 비용도 줄일 수 있고 생산 관리와 납기 조정도 수월한 것이 사실입니다. 하지만 스노우피크 어패럴은 기본적으로 자체

↑ 의류 사업 시작부터 기획개발을 맡은 스노우피크 기획개발본부 어패럴 개발부 이그제큐티브 크리에이터 스가 준야

↓ 2021년 가을/겨울 시즌부터 인열 강도가 높은 소재로 업그레이드하여 발수성이 향상된 플렉시블 인슐레이션 시리즈

제작 소재로 옷을 만들고자 합니다. 성능이 뛰어난 캠핑용품을 오랜 시간 개발하며 키워온 스노우피크만의 제조 정신을 의류 사업에서도 확실히 이어가고자 합니다.

기본 아이템이 된 두 가지 히트 시리즈

스노우피크 어패럴의 히트 상품에 대해서 살짝 소개하겠습니다. 다양한 어패럴의 상품 가운데 매출의 15퍼센트 이상을 차지하는 대표적인 상품이 바로 '플렉시블 인슐레이션 시리즈(이하 인슐레이션)'입니다. 2014년 가을/겨울 컬렉션부터 시작된 시리즈로, 소재나 디테일을 업그레이드하면서 현재까지 계속해서 판매되고 있습니다.

Flexible Insulation

　　인슐레이션은 움직이기 편하므로 잘 때 입어도 불쾌하지 않습니다. 보온성은 있지만 땀이 차지 않도록, 모두가 쾌적하게 입을 수 있는 옷을 만들고자 했습니다. 안감, 겉감, 충전재, 봉제 부분 모두 스트레치 소재로 만든 것이 특징입니다. 인슐레이션의 매출이 한 번에 부쩍 늘어난 것은 발매된 지 3년이 지난 후였습니다. 의류 사업의 영업부가 발족한 해이기도 합니다. 스노우피크 어패럴의 세계관을 널리 알리기 위해 기능성과 패션성을 겸비한 인슐레이션의 마케팅을 강화했습니다. 프로모션 영상과 인터넷 페이지를 적극적으로 만든 결과, 단번에 시리즈의 인지도가 높아졌습니다. 인슐레이션 시리즈는 캠핑에서 미들 레이어로 입는 것은 물론 잠옷으로도 쾌적하게 입을 수 있습니다. 또한 각 시즌마다 한정 컬러를 추가하여 재구매하는 사용자도 많습니다.

그리고 또 한 가지, 앞서 언급한 타키비 시리즈도 스노우피크 어패럴을 대표하는 인기 상품입니다. 모닥불 앞에서 불똥이 튀어도 타지 않는 난연 소재를 사용한 이 시리즈는 한 캠퍼의 요청으로 개발이 시작되었습니다. 그리고 8년간의 개발 기간을 거쳐 폭넓은 라인업을 갖추게 되었습니다. 새롭게 추가된 라인 가운데, 특히 캠핑을 하지 않는 사람들에게 인기가 많은 제품이 바로 'FR_{Fire Resistant}' 시리즈입니다. 폴리에스테르 소재를 베이스로, 열에 강한 파라계 아라미드 섬유를 추가한 것이 FR 시리즈입니다. 기존의 타키비 시리즈에 사용하는 아라미드 소재와 비교하면 옷감이 보다 얇습니다. 그래서 겨울에는 다운재킷, 봄에는 셔츠처럼 계절에 맞춰서 다양한 옷에 사용할 수 있습니다. 난연의 정도가 높지 않은 만큼 쉽게 손이 가는 가격으로 책정되었습니다. 그래서 스노우피크를 모르고, 캠핑을 하지 않는 고객층이라도 패션 아이템으로 구입하는 경우가 많습니다. 이렇게 다양한 의류 사업을 통해 캠핑을 하지 않는 사람들에게

겨울 시즌에는 FR 다운이 인기.
5만 엔대라는 가격 책정과 뛰어난 디자인성으로 인기가 많다.

도 스노우피크의 가치관과 메시지를 알릴 기회가 늘어났습니다.

다른 사업과의 연계로 제안력 상승

영업적인 관점에서 말하면 '의류 사업만 있는 것이 아니다'라는 점이야말로 스노우피크 어패럴의 강점입니다. 일반적인 어패럴 브랜드의 경우에는 의류 사업 하나로 비즈니스가 성립되지만, 스노우피크의 경우에는 이것이 전부가 아닙니다.

스노우피크에는 '의·식·주·동·유·학'이라는 여섯 개의 사업 플랫폼이 있습니다. 그래서 의류 사업 단독이 아니라 다른 사업과 함께 다양하게 제안할 수 있다는 것이 영업적으로 유리하다고 할 수 있습니다. '주' 사업과 함께 집에 있는 시간을 쾌적하게 보낼 수 있는 옷을 제안할 수도 있고, '동' 사업과 함께 기업을 대상으로 한 유니폼을 제안할 수도 있습니다. 다양한 사업에 의류 사업을 묶어서 스탠더드 웨어로 제안할 수 있다는 것은 굉장히 큰 장점입니다.

2021년 하반기 의류 사업의 매출은 11억 2,000만 엔으로, 전년도 대비 157퍼센트가 증가했습니다. 2020년은 코로나19의 영향으로 인한 일부 점포의 폐업도 있었기 때문에 고정비를 제외한 전체 매출이 늘어난 것이 당연하다고도 할 수 있지만, 스노우피크만의 (사업부 연계의) 상호 작용도 영향이 있었다고 생각합니다.

최근에는 해외, 특히 미국과 유럽에서 신규 거래처가 급증하고 있습니다. 거래 상담을 할 때 캠핑용품의 매입이 어렵다는 말을 들어도 "그렇다면 먼저 의류부터 진행해 보면 어떨까요?"라고 제안할 수 있습니다. 자사의 의류를 캠핑 장비 유통업체에 제안할 수 있는 것도 마케팅의 강점이 될 수 있습니다.

스노우피크에서는 우리가 원하는 쾌적한 옷을 기획한 다음 캠프필드에서 철저하게 검증합니다. 또한 고객을 초대

영업본부 판매계획부 시니어매니저 가토 도시야

타키비 베스트도 스노우피크 어패럴의 대표 상품

한 캠핑 이벤트 등에서 사용자의 의견을 모으고, 개발 현장에 그 피드백을 전하기도 합니다. 실제 의류의 상품화까지의 기획 개발 과정은 운동선수용 하이퍼포먼스 웨어와 다르지 않습니다. 이런 환경에서 개발되는 뛰어난 기능복이기 때문에 사용자의 라이프스타일에 적극적으로 대응할 수 있고 여러 방면의 사업으로 확장하는 것도 가능합니다.

기능이나 디자인 이전에 '우리가 쾌적하게 입을 수 있는 옷'을 만들고 싶다.

> → 착용감이 좋은 기능복을 추구하며 의류의 소재 개발에도 힘을 쏟고 있다.

스노우피크를 모르거나 캠핑을 하지 않는 고객층이 패션 아이템으로 구입하는 경우가 많다.

> → 수준 높은 디자인과 합리적인 가격 책정으로 캠핑을 하지 않는 신규 고객층을 개척하고 캠핑에 대한 관심으로 이어 나간다.

'의류 사업만 있는 것이 아니다'라는 점이 스노우피크 어패럴의 강점이다.

> → '식', '주', '동' 등 사내의 다른 사업과 연계한 상품 개발이나 제안이 가능하다.

스노우피크식 SDGs란?
-옷 만들기의 세 가지 축

스노우피크의 의류 사업은 2021년 12월기에 매출 약 26억 엔을 달성했다. 하지만 스노우피크가 목표로 하는 것은 단순히 매출 뿐만이 아니다. 무엇보다 장인의 기술과 문화의 계승, 지역 살리기, 나아가 지구 환경에 대한 배려까지 다각적으로 '좋은 영향'을 미치는 노력을 중요하게 생각한다. 계속해서 두 사람의 이야기를 소개한다.

*

영업본부 판매계획부
시니어매니저 가토 도시야

기획개발본부 어패럴 개발부
이그제큐티브 크리에이터 스가 준야

의류 제작 과정에서 탄생한
로컬 체험 투어

앞 페이지에서는 캠핑에 가서도 입을 수 있고, 평소에 도시에서도 입을 수 있는 스노우피크의 의류 제작 과정에 대해 소개했습니다. 여기서는 스노우피크가 전면에 내세우는 또 다른 의류 라인인 '로컬 웨어'에 대해 이야기하겠습니다. 콘셉트는 '토지를 입다'입니다. 즉 해당 토지에 뿌리내린 옷감과 의복에 주목하여, 일본 각지의 전통적인 '입는' 문화를 계속 이어 나가는 것입니다.

현재 스노우피크의 로컬 웨어는 스노우피크의 고향이라고도 할 수 있는 니가타현과 이와테현 이치노세키시, 두 곳에서 지역 생산자와 공동으로 만들고 있습니다. 로컬 웨어의 특징은 단순히 옷을 만들고 판매하는 것으로 끝나지 않는다는 것입니다. 로컬 웨어가 이러한 특성을 가지게 된 데는 계기가 있습니다. 의류 사업을 막 시작했을 때의 일입니다. 야마이 사장과 저는 지방에서 옷감을 취급하는 노포를 돌아보고 있었습니다. 멋진 옷감들이 많았지만, 의류에 사용을 하고 싶다고 상담을 해봐도 직기가 없거나 기술자가 없어서 실현이 어려운 경우가 많았습니다. 일본의 오래되고 멋진 기술과 전통이 사라져가는 상황을 눈앞에서 목격하고 위기감을 느꼈습니다. 그래서 의류 사업이 궤도에 오른 2018년에 '로컬 웨어 투어리즘'을 만들었습니다.

로컬 웨어 투어리즘은 니가타현 사도섬에서 처음으로 개최된 체험 투어입니다. 일본 각지의 의류 제작 현장에서 후계자 부족 문제가 심각해지는 가운데, 그 지역에서 이어져 오는 옷감 제작의 노동 작업과 작업복의 관계를 간접 체험하게 함으로써 일본의 매력적인 문화와 산업을 계승하려는 목적으로 기획한 투어입니다. 예를 들어 히로시마현 후쿠야마시에서 개최되는 1박 2일 투어는 '데님'이 테마입니다. 데님 공장 견학 투어, 쪽 염색 체험을 시작으로 폐기된 데님을 가공하는 패치워크 워크숍, 지역의 데님 생산자와 함께하는 모닥불 토크 세션 등 굉장히 알찬 내용으로 구성했습니다.

사실 어떤 체험 투어에 참여하든 옷은 어디까지나 하나의 필터 역할입니다. 참가자들이 옷을 통해 지방의 장점을 체험하고, 그 지역에 애착과 관심을 가지기를 바랍니다. 로컬 웨어 투어리즘에는 다른 이벤트에서는 얻기 어려운 이러한 내용이 응축되어 있습니다.

스노우피크에서는 예전부터 회원을 대상으로 한 스노우피크 웨이를 비롯해 다양한 캠핑 이벤트를 진행했습니다. 그중에서 고객 만족도가 가장 높은 이벤트 중 하나가

이 로컬 웨어 투어리즘 시리즈입니다. 매년 같은 장소를 여행하는 재참가 고객도 많고, 캠핑 경험이 없는 참가자도 많습니다.

로컬 웨어 투어리즘의 호평을 이어받아 현재는 '웨어' 이외에 그 지역만의 특색 있는 음식과 식문화를 체험하는 '로컬 푸드 투어리즘' 등도 기획하고 있습니다.

스노우피크식 SDGs 중심의 의류 제작

스노우피크가 의류 사업에서 또 하나 주력하는 것은 산업 전체의 과제이기도 한 환경 문제입니다. 스노우피크에서는 2014년에 의류 사업을 시작했을 때부터 무농약 오가닉 코튼을 사용하거나 재활용 소재와 환경을 배려한 소재를 개발해 왔습니다. 그리고 대부분의 제품에 재활용 폴리에스테르, 재활용 나일론을 사용하고 있습니다. 아웃도어 고객들 사이에서도 이왕이면 친환경 제품을 고르려는 사람들이 늘어나고 있기 때문에, 이러한 제작 방식도 제품 구입의 동기가 됩니다.

그 외에 현재 스노우피크 어패럴의 SDGs(지속가능발전목표)의 세 가지 축을 소개합니다. 첫 번째는 의류 재활용 등을 추진하는 벤처기업인 일본환경설계(현 JEPLAN, 가와사

↑ 업사이클 코튼 프로젝트는 노포 섬유상사 인다키히요와의 협업으로 시작했다. 코튼의 회수에서 제조, 판매까지 일괄적으로 처리하는 방식은 업계 최초다.

↓ 리사이클 코튼 5pkt 데님(Recycled Cotton 5pkt Denim)은 슬림과 스트레이트 두 종류. 각각 인디고와 블랙, 두 가지 색상을 전개한다. 가격은 각 1만 9,800엔이다.

키시)와 함께 불필요해진 옷이나 텐트를 폴리에스테르로 재생하여 홀가먼트 니트 웨어를 만드는 '브링BRING' 프로젝트입니다.

두 번째는 '그린다운 프로젝트GDP' 활동입니다. 이 프로젝트의 목표는 깃털의 회수·정제·재이용을 시스템화하여 보급하는 것입니다. 그래서 스노우피크의 각 지점에 침낭과 다운재킷 등을 회수하는 박스를 설치했습니다.

여기까지는 대형 의류 브랜드나 셀렉트숍이 같이 참여하는 프로젝트입니다. 그리고 세 번째가 2021년 가을/겨울 시즌부터 시작된 자사 프로젝트인 '업사이클 코튼 프로젝트'입니다. 첫 번째 브링 프로젝트에서 사용하지 않는 제품 회수를 시작했을 때 깨달음이 있었습니다. 당시 회수된 제품 중에는 면을 비롯한 천연 소재가 굉장히 많았습니다. 그런데 브링은 폴리에스테르를 재생하기 때문에 면 등의 천연 소재는 제외해야 합니다. 이것이 아깝다는 생각이 들었습니다. 게다가 면은 매 시즌마다 실부터 선택해야 할 정도로 옷에서 중요한 소재이기 때문에 순환하는 면의 흐름을 만들고 싶었습니다. '자연과의 공생'이라는 메시지를 널리 알린다는 스노우피크의 기본 이념을 생각해 보면, 많은 사람들이 일상적으로 입는 면을 재활용한다는 발상은 자연스러운 흐름이었습니다.

업사이클 코튼 프로젝트 제1탄은 바로 데님입니다. 언뜻 보면 보통의 데님 제품 같지만 옷감이나 실을 포함해 모두 재활용한 제품입니다. 남녀노소 입을 수 있는 심플한 디자인으로 완성되었습니다. 그리고 2022년 봄/여름 시즌에는 티셔츠, 스웨트 셔츠, 양말 등의 인기 상품도 발매했습니다. 일단 베이직한 아이템들을 선보인 후 고객의 목소리를 들으면서 상품군을 늘려갈 예정입니다.

업사이클 제품의 발매와 함께 직영점에는 업사이클 코튼 프로젝트의 회수 박스도 설치했습니다. 이제 막 출발선에 섰을 뿐이지만, 앞으로는 자사에서 회수한 폐품만으로 제품을 만드는 것을 목표로 활동을 이어가고 싶습니다.

일본의 전통적인 작업복
'한텐(HANTEN)' 역시 인기 상품

콘셉트는 '토지를 입다'.

→ 지역의 토지에 뿌리내린 옷감이나 의복에 주목
하여 전통적인 '입는' 문화를 현대로 계승하기 위한
옷 제작에 힘쓴다.

옷감 제작의 노동 작업과 작업복의 관계를 간접 체
험하며 일본의 매력적인 문화와 산업을 계승한다.

→ 지역 산업과 문화의 쇠퇴는 남의 일이 아니다.
투어라는 형태로 지역과 산업을 부흥시킨다.

고객 중에도 이왕이면 친환경 제품을 고르려는 사람
들이 늘고 있다.

→ 환경에 대한 배려가 의류 제작의 밑바탕에 존재
한다. 개발에서 재활용까지 지구에 악영향을 끼치
지 않는 옷 만들기가 제품 구매의 계기가 된다.

스노우피크의 '식(食)'에 대한 도전
- 토종 채소를 캠핑 요리로 제공

스노우피크의 '식' 사업은 2015년 3월 도쿄도 아키시마시에 오픈한 레스토랑 '스노우피크 잇(Snow Peak Eat)'에서 시작되었다. 현재 스노우피크 잇은 총 6개 매장으로 확대되었다. '식' 사업에서는 무엇을 중요하게 생각하고 있을까? 지금까지의 발걸음과 앞으로의 전략을 담당 매니저인 구기모토 유이치에게 들어본다.

*

사업창조본부 신업태개발과
매니저 구기모토 유이치

미션은 캠핑 요리의
즐거움을 알리는 것

스노우피크의 '식' 사업은 아웃도어를 테마로 한 쇼핑몰 모리파크 아웃도어 빌리지(도쿄도 아키시마시)의 오픈과 함께 시작되었습니다. 더치오븐으로 구운 고기, 캠핑용 체어와 커틀러리를 사용한 식사 체험은 단순히 맛있는 음식을 먹는 것 이상의 가치를 제공합니다. 스노우피크의 제품을 판매하는 매장 옆에 같이 오픈하는 형태로 개업한 1호점은 2021년 6월에 폐점했지만, 이제까지 없었던 캠핑 요리를 제공하는 공간으로서 각광을 받았습니다.

'식' 사업을 담당하는 사업창조본부 신업태개발과
매니저 구기모토 유이치

↑ 미나미마치다 쇼핑몰(도쿄도 마치다시) 내에 있는 스노우피크 잇. 점내에 설치된 쉼터가 눈길을 끄는 레이아웃

→ 인기 메뉴 '홋카이도산 게 이산규 설로인 로스트비 프와 제철 채소'. 사진은 400그램으로 4,680엔

↓ '오늘의 세 가지 토종 채 소'(1,280엔, 세금 포함). 각 각 재료의 맛을 최대한 끌 어내는 조리법(굽고 찌고 조린다)으로 제공한다.

사실 1호점을 오픈한 2015년에는 아직 '식'이라는 사업의 방향성이 확립되지 않은 상태였습니다. 그리고 2020년 3월, 새로운 조직화를 시작으로 사업에 본격적으로 뛰어들었습니다. 저는 원래 요리사로, 수많은 레스토랑에서 일했으며 프랑스로 수련을 떠난 적도 있습니다. 이케아 재팬 (지바현 후나바시시)으로 이직한 후에는 쭉 음식 사업의 매니지먼트 일에 종사하고 있습니다.

현재 스노우피크의 '식' 사업은 점포 내 음식 사업에 특화되어 있지만, 더 큰 발전 가능성을 품고 있습니다. 그리고 음식이라는 주제는 스노우피크가 전개하는 '의·식·주·동·유·학' 여섯 가지 사업 카테고리의 어떤 사업과도 제휴하기가 쉽습니다. 자연 속에서 즐기는 풍요로운 '식' 체험을 통해 다양한 고객들의 인생 가치를 높일 수 있기를 바랍니다.

캠핑을 좋아하는
레스토랑의 셰프들

스노우피크 레스토랑에는 두 가지 형태가 있습니다. 하나는 도심을 중심으로 전개되는 레스토랑인 스노우피크 잇입니다. 이곳에서는 더치오븐 등 캠핑 요리 도구를 사용하여 만든 캠핑 요리를 제공합니다. 이를 통해 캠핑을 한 적이 없는 사람들과도 접점을 만들 수 있으며, 실제 사용자의 대부분은 스노우피크를 모르는 캠핑 미경험자들입니다.

　　다른 하나는 다음에서 소개할 '레스토랑 셋포Restaurant 雪峰'입니다. 1호점을 나가노현 하쿠바무라의 시설 내에 오픈했습니다. 이 레스토랑에서는 해당 지역의 식재료를 활용한 코스 요리 등을 제공합니다. 이곳에는 숙박 시설도 같이 있기 때문에 스노우피크의 팬들이 방문하는 경우가 꽤 많습니다.

　　현재 '식' 사업에 종사하는 직원은 약 10명입니다. 각 점포의 셰프들과 직영 점포의 매니저들입니다. 경력은 제각각이지만, 멤버들의 공통점은 바로 캠핑을 좋아한다는 것입니다. 요리사로서의 전공도 일식이나 프랑스 요리 등 제각각이기 때문에 메뉴를 생각할 때 떠올리는 아이디어도 가지각색입니다. 하지만 미션은 모두 동일합니다. 모두가 자연 속에서 요리를 먹는 즐거움을 고객에게 알리는 일에 중점을 두고 있습니다.

다른 곳에서는 먹을 수 없는
'멸종 위기종' 채소

자연과 인간, 인간과 인간을 이어주기 위해 우리는 음식으로 무엇을 할 수 있을까요? 그 대답 중 하나가 스노우피크 잇에서 주력하고 있는 토종 채소의 제공입니다.

　　일본 어디에서나 슈퍼에 가면 일년 내내 같은 형태와 맛의 채소를 구할 수 있습니다. 이런 채소들은 제2차 세계대전 이후 먹거리를 안정적으로 공급할 수 있도록 품종을 개량해 만든 것입니다. 그렇지만 스노우피크 잇에서 제공하는 토종 채소는 사람의 손이 닿지 않는 자연에서 나온 본래의 채소입니다. 수백 년도 더 전부터 한 사람에게만 전해 내려오는 형태로 시장에 유통되는 경우가 거의 없는 멸종 위기종입니다.

　　우리는 겨울에 오이가 먹고 싶으면 슈퍼에 가서 살 수 있습니다. 하지만 원래 오이는 겨울에는 먹을 수 없었습니다. 토종 채소도 계절에 따라 먹을 수 있는 것이 정해져 있습니다. 무로마치시대(1336~1573)부터 500년 이상 이어져 온 '진고에몽이모'라는 감칠맛 강한 토란은 겨울에만 먹을 수 있습니다. 스노우피크 잇에서 먹어보고 마음에 들었어도 다음번에 먹을 수 있는 때는 1년 후입니다. 그만큼 희귀한 채소입니다. 이런 토종 채소는 '워머워머warmerwarmer'(도쿄도 무사시노시)라는 외부 파트너를 통해서 매입하고 있습니다. 이 업체는 전국 각지의 생산자를 연결해 토종 채소를 납품해 주지만, 매주 받는 채소 박스를 열어볼 때까지 내용물은 알 수 없습니다.

또한 이런 채소들은 농가에서 자급자족용으로 만드는 것이 대부분이므로 모양이 제각각 다르거나 병에 걸리기 쉬워서 대량 생산에는 적합하지 않습니다. 일본 전국에 있는 이런 토종 채소를 워머워머가 발굴해 줍니다. 솔직히 비즈니스로 이어가기에는 장벽도 높습니다. 그렇지만 이 채소들을 먹는 사람이 없다면 앞으로 계속 이어져 내려오지 않을 것이며, 생산자들에게 수익이 돌아가는 시스템도 만들 수 없습니다. 더 많은 사람들에게 토종 채소의 매력을 알려서 농가에 후계자가 나타날 정도의 환경을 만들고 싶습니다.

채소 이외에도 홋카이도산 게이산규(출산 경험이 있는 소), 자유 방목 달걀을 사용하는 등 가능한 한 자연에 가까운 식재료를 엄선하고 있습니다. 이런 재료들을 베이스로 각 점포의 셰프들이 의견을 교환하며 메뉴를 결정합니다. 무엇보다도 식재료가 중요하기 때문에 어떻게 조리하면 제일 맛있을지 다양한 시도를 반복하며, 가장 좋은 방식이라고 생각하는 형태로 고객에게 음식을 제공합니다. 이러한 레시피에

저작권은 없습니다. "맛있다! 집에서도 만들고 싶어요!"라고 고객이 이야기한다면 만드는 방법을 알려드릴 것입니다. 나아가 이것이 레스토랑 옆의 판매 공간에서 더치오븐을 구입하는 일로까지 이어진다면 굉장히 기쁠 것 같습니다.

스노우피크의 '식' 사업은 레스토랑만으로 끝나지 않습니다. 현재 지방 창생 사업에서는 47개 도도부현에 캠핑장을 만드는 프로젝트가 진행되고 있습니다. 그래서 저도 각 도도부현에 트라이얼 캠핑이라는 형태로 수일간 머무를 때가 있는데, 이때는 지역 사람들도 알아채지 못한 매력적인 식재료를 다양하게 발굴합니다. 이렇게 스노우피크만의 사업을 통해 각 지역 음식의 매력을 끌어내 소개할 수 있는 시스템을 구축하고 싶습니다.

그중에는 이미 시작된 프로젝트도 있습니다. 음식을 테마로 한 로컬 푸드 투어리즘이라는 프로그램입니다. 생산자와 사용자를 이어주는 일종의 체험 투어입니다. 다음에서 소개할 '스노우피크 랜드스테이션 하쿠바'에서 개최하고 있습니다.

스노우피크의 '식' 사업이 목표로 하는 가장 이상적인 모습은 단순히 물건을 판매하는 것을 넘어서 각 지방의 생산자들의 삶이 윤택해지는 시스템을 만드는 것입니다. 사라져가는 식문화를 우리의 자손들 세대로 어떻게 하면 이어갈 수 있을까요. 우리의 할아버지, 할머니가 만드는 진짜 향토 요리의 맛을 도심에서 즐길 수 있는 기회가 사라지고 있습니다. 스노우피크는 이를 찾아내어 미래로 이어가고 싶습니다.

자연 속에서 요리를 먹는 즐거움을 고객에게 알린다.

> → 기업 이념으로 내건 '인간성의 회복'. 제철 식재료
> 를 활용한 요리로 몸과 마음을 만족시킨다.

제공되는 토종 채소는 사람의 손이 닿지 않는 자연
본래의 채소다.

> → 전국 각지의 희소한 토종 채소를 활용하여 자연
> 의 은혜가 듬뿍 담긴 음식을 만든다.

지방 음식의 매력을 끌어내 소개할 수 있는 시스템을
구축한다.

> → 해당 지역의 사람들이 알아채지 못한 식재료의
> 매력을 널리 알려서 생산자가 윤택해지는 시스템을
> 만든다.

스노우피크가 '백마 탄 왕자'가 된 이유
-리조트 비성수기를 구하라

체험형 복합시설 스노우피크 랜드스테이션 하쿠바는 '지역에 깊이 뿌리내린 인생과 야외 활동 안내소'라는 콘셉트로 2020년 7월에 오픈했다. 레스토랑, 숍, 숙박 시설을 모두 갖춘 하쿠바 관광의 거점에 대해 사업담당자인 가와이 히데아키와 레스토랑 셰프인 세키 슌지가 소개한다.

*

스노우피크 하쿠바 이사 집행임원
사업본부장 가와이 히데아키

레스토랑 셋포 셰프 세키 슌지

하쿠바 공략에 꼭 필요했던
캠핑과 모닥불

스노우피크 랜드스테이션 하쿠바는 2020년 7월에 오픈했습니다. 스노우피크의 '식' 사업을 통해 지방 창생 사업을 가시적으로 구현한 제1호 시설입니다. 코로나19가 확산되는 가운데 오픈했지만, 연간 평균 방문객 수는 20만 명을 넘었습니다.

세계적인 건축가인 구마 겐고가 설계한 건물에서는 하쿠바 삼산의 웅장한 경치를 감상할 수 있습니다. 관광안내소와 스타벅스를 만들어서 하쿠바 관광의 거점으로는 물론 지역 주민의 휴게소로도 사랑받고 있습니다.

하쿠바는 스키로 유명한 지역으로, 6월에서 10월까지의 그린 시즌은 사실 비성수기입니다. 현재 스노우피크 랜드스테이션 하쿠바의 공간은 원래는 스키장의 주차장으로 이용되었던 곳으로, 최근 몇 년간 따뜻한 겨울이 이어지면서 사용되지 않고 있었습니다. 이대로는 아무리 좋은 자산을 가지고 있어도 활용을 못 하는 꼴이라고 생각해 자치 단체에서 스노우피크로 직접 연락이 왔습니다.

스노우피크가 지역에 뿌리를 내린다면 어떤 것들이 가능할까요? 이를 구체적으로 보여주는 시설 중 하나가 바로 스노우피크 랜드스테이션 하쿠바입니다.

　스노우피크 랜드스테이션 하쿠바의 목적은 크게 두 가지입니다. 하나는 비성수기의 지역 활성화의 기점이 되는 것, 다른 하나는 하쿠바의 음식을 알리는 것입니다. 하쿠바에는 누구나 다 아는 대표적인 로컬 푸드가 없습니다. 이를 새롭게 개발하여 널리 알리는 것을 목적으로 '레스토랑 셋포'를 오픈했습니다.

스노우피크 랜드스테이션 하쿠바의 책임자이자
스노우피크 하쿠바 이사 집행임원 사업본부장인 가와이 히데아키

캠핑과 모닥불이 '중개자'가 되다

저는 현재는 가족과 함께 하쿠바 주변에 거주하며 스노우피크 랜드스테이션 하쿠바의 책임자로 일하고 있지만, 이전에는 홋카이도 도카치에서 지방 창생 업무를 담당했습니다. 자치 단체나 지역의 사업자 및 생산자와 밀접하게 커뮤니케이션을 하면서, 쓰이지 않는 땅을 살리는 일의 어려움을 통감했습니다.

이러한 공간을 둘러싸고 그 지역 사람들이 원하는 것도 있고, 스노우피크가 하고 싶은 일도 있습니다. 처음에는 의견이 맞지 않아 부딪히는 일도 많았습니다. 이때 서로의 거리를 좁히기 위해 수차례 실시한 것이 캠핑과 모닥불입니다.

자연 속에서 불을 바라보며 인간성을 회복하는 일부터 함께하다 보면 이상하게도 함께 힘내자고 말해주는 사람이 늘어납니다. 물론 전원이 의견에 다 동의할 수는 없겠지만, 주변 사람들도 함께 참여하는 흐름이 만들어집니다. 이런 시간을 수차례 반복하면서 좋은 관계가 구축되는 경험을 몇 번이나 했습니다. 목표가 결정되면 무엇을 할 수 있을지 같이 이야기를 나누고 도전과 검증을 반복하는 나날들이었습니다.

하쿠바를 살리는 방법 중 성공한 프로젝트 중 하나로

자연과 조화를 이룬 외관 디자인.
시설 내부에서 북알프스의 웅장한 산을 감상할 수 있다.

생산자와 사업자를 모아 개최한 마르쉐가 있습니다. 시설 앞 광대한 잔디 공간에 설치된 텐트 아래에 지역 농가, 생화 판매상, 공예 작가 등이 모이는 아침시장 같은 이벤트입니다.

이 시장은 2020년부터 시작되어 여름에는 매주 토요일에 열립니다. 관광객에게는 이제까지 몰랐던 하쿠바의 매력을 알게 되는 계기가 되고, 지역 사람들에게는 자연스러운 홍보가 됩니다. 이 행사는 굉장한 호평을 받아 지금은 참가자를 추첨으로 뽑아야 하는 상황이 되었습니다. 마르쉐에서 만난 인연으로 새로운 비즈니스가 시작되기도 합니다. 이러한 사업들을 통해 앞으로도 이곳을 하쿠바 지역의 커뮤니티 공간으로 활성화하고자 합니다.

'스노우피크 필터'로
한곳에 모으다

스노우피크 랜드스테이션 하쿠바는 스노우피크의 캠핑용품과 의류를 취급하는 판매 구역, 빈손으로도 이용 가능한 숙박 구역, 레스토랑 셋포 등의 취식 구역으로 구성되어 있습니다. 처음에는 레스토랑 셋포의 수익이 높을 것이라 예상했지만, 코로나19의 영향으로 좌석 수가 제한되면서 현재는 상품 판매 매출이 비교적 높은 편입니다. 그중에서도 하쿠바 지역의 활성화에 기여하고 있는 것이 음식에 초점을 맞춘 식품 판매 구역입니다. 그 지역의 토산물을 선물로 사가는 이미지를 그리며 하쿠바의 식재료를 메인으로 하되, 캠핑 등에서 간단하게 먹을 수 있는 식품을 중심으로 선별했습니다. 하쿠바 주변이 아닌 곳에서도 입점 문의가 올 정도이지만, 지금은 하쿠바산 한정으로 진행하며 제안을 모두 거절하고 있습니다. 앞으로는 농산물 직판장처럼 지역의 채소 등을 적극적으로 취급하려고 검토 중입니다. 이렇게 지역을 위한 일에 하나씩 도전할 계획입니다.

숙박 구역은 캠핑장이라기보다는 체험 시설에 가깝습니다. 캠핑 초보자가 빈손으로 와서 직원들과 함께 텐트를

캠핑용품 없이도 누구나 캠핑을 즐길 수 있도록 필요한 장비를 대여해 주거나 텐트 설치 지원 등이 포함된 패키지도 있다.

설치하고 저녁은 레스토랑 셋포에서 먹는 모습을 상상했습니다. 당일치기로 즐길 수 있는 바비큐 패키지도 제공하여 아웃도어 체험의 계기를 만들고자 합니다.

하쿠바에는 멋진 캠핑장이 굉장히 많습니다. 이곳에서 고객들이 캠핑의 즐거움을 몸소 느끼고 다른 캠핑장도 방문하기를 바랍니다. 현재는 지역의 호텔과 레스토랑 셋포를 연계한 여행 패키지도 검토 중입니다. 스노우피크 랜드 스테이션 하쿠바가 결승점이 아니라 출발점이 되도록 하쿠바의 매력을 한데 모으는 허브 역할을 하고 싶습니다.

지역 주민의 수요와 일치하는
레스토랑

하쿠바에는 레스토랑이라고 부를 만한 장소가 거의 없고, 있더라도 외국계 호텔 내부에 있는 곳 정도였습니다. 이러한 상황에서 '가끔은 좀 더 맛있는 것이 먹고 싶다'라는 지역 주민의 수요와 일치한 곳이 바로 레스토랑 셋포입니다.

이곳 메뉴의 가격대는 점심이 1,500~2,000엔 정도입니다. 가볍게 들른다기보다는 기분을 내고 싶을 때 이용하는 가격대지만, 지역 주민들이 편하게 이용할 수 있도록 마을 주민 한정 메뉴도 비정기적으로 제공하고 있습니다. 이 한정 메뉴는 1,500엔에 커피와 디저트까지 제공됩니다. 지역 주민들의 이해와 소개가 없다면 레스토랑 운영이 어렵기 때문에, 이곳을 자주 이용해 주는 지역의 고객은 꼭 필요합니다. 그래서 학부모 모임 등에도 적극 활용해 주시기를 권장하고 있습니다.

하쿠바의 명물을 만들자!
레스토랑 셋포의 장대한 미션

앞서 언급한 대로 레스토랑 셋포의 미션은 하쿠바의 음식을 널리 알리고 새로운 명물을 개발하는 것입니다. 저도 처음에는 유명한 명물이 없는 땅의 셰프로 취임하며 고민이 많았습니다. 저는 3년간 이탈리아에서 정통 요리를 배웠고 귀국 후에는 고향인 교토에서 이탈리아 음식점을 경영했습니다. 미쉐린 가이드의 빕 구르망에도 3년간 선정되었습니다.

제가 추구하는 맛은 창의적인 요리라기보다 전통적이고 소박한 요리입니다. 즉 식재료의 섬세한 맛까지 전달할 수 있는 요리입니다. 그런데 하쿠바에 와서 깨달은 중요한 사실은 바로 이곳의 물이 굉장히 깨끗하다는 것이었습니다.

레스토랑 셋포 셰프 세키 슌지

미나리, 물냉이, 고추냉이 등 수질이 좋지 않으면 자라지 않는 채소들을 다양하게 볼 수 있습니다. 이런 식재료를 잘 살리는 것이 저의 역할이라고 느꼈습니다.

레스토랑의 요리는 미쉐린 3스타를 받은 일본 요리 전문점 '가구라자카 이시카와'의 이시카와 히데키 셰프가 감수를 하고 있습니다. 여기에 저의 전문 분야인 이탈리아 요리를 융합하여 레스토랑 셋포에서만 맛볼 수 있는 일본식과 양식을 절충한 '자연을 먹는 요리'가 탄생했습니다. 제가 직접 하쿠바와 그 주변 지역의 생산자와 긴밀히 연락을 취하며 제철 식재료를 체크하고 있습니다. 그리고 부지 내에도 밭을 만들어 잎채소와 허브 등을 자급자족하기 시작했습니다.

채소는 수확하여 고객의 손에 들어가기까지의 시간이 중요합니다. 무조건 빠른 것이 좋습니다. 아침에 수확한 양배추를 스팀 컨벡션오븐으로 조리하여 그날의 점심으로 제공한 적이 있는데, 굉장히 반응이 좋았던 기억이 납니다. 평소에도 먹을 수 있는 식재료지만, '레스토랑 셋포는 뭔가 다르다'라고 느꼈으면 좋겠습니다.

사실 레스토랑 셋포에서 사용하는 식재료는 신슈 연어, 신슈 소고기 등 지역 사람들이라면 집에서 평소에 먹는 것들이 많습니다. 이것을 전혀 다르게 조리하는 것이 아니라 조금 변화를 주는 것만으로 더 맛있어진다는 사실을 알아주셨으면 좋겠습니다.

예를 들어 주키니 호박도 조리법이나 조미료를 바꾸는 것만으로 새로운 가치를 만들어낼 수 있습니다. 익숙한 식재료에도 새로운 먹는 법, 새로운 맛이 있습니다. 고객의 질문을 받고 테이블 옆에서 직접 레시피를 알려준 적도 많습니다. 레스토랑 셋포의 메뉴를 통해 하쿠바의 새로운 식문화가 형성된다면 셰프로서 정말 기쁠 것 같습니다.

레스토랑 셋포라는 이름에는 자연과 인간, 인간과 인간을 이어주는 스노우피크의 사명과 북알프스의 풍요로운 자연을 오감으로 느끼길 바라는 마음이 담겨 있습니다. 레스토랑으로서는 조금 독특할지도 모르지만, 고객끼리 친구가 될 수 있는 공간으로 만들고 싶습니다. 외부에 설치된 화로대 근처에서 식후에 커피를 마시며 자연과 대화를 나눌 수 있다면 이상적일 것입니다. 자연과 인간, 인간과 인간을 이어줄 수 있다는 점이 스노우피크의 강점이기 때문입니다.

서로의 거리를 좁히기 위해 수차례 실시한 것이 캠핑
과 모닥불이다.

> → 자연 속에서 모닥불을 둘러싸고 같이 시간을 보
> 내면 이상하게도 좋은 관계가 구축된다.

하쿠바의 매력을 한데 모으는 허브 역할을 하고 싶다.

> → 스노우피크 시설을 방문하는 것이 결승점이 아
> 니라 출발점이라는 사실을 의식하며 지역을 활성화
> 한다.

지역 주민들의 이해와 소개가 없다면 레스토랑 운영
이 어렵다.

> → 지역 주민들에게 사랑받아야 한다. 즉 꾸준히 이
> 용하는 지역 주민들은 필수적이다. 방문하고 싶어지
> 는 메뉴 구성, 커뮤니케이션에 신경 쓰고 있다.

스노우피크의 도시 개발
-시대가 원하는 자연과 함께하는 삶

건축사무소와 연계하여 진행하는 프로젝트부터 대규모 도시 개발까지 자연과 함께하는 삶을 다각적인 시점에서 제안하는 것이 스노우피크의 어반 아웃도어 사업이다. 부동산 업계의 상식을 타파하는 '주' 영역에 대한 도전에 대해 사업을 추진하는 오지 나호코가 자세하게 설명한다.

사업창조본부 동일본법인영업과
오지 나호코

도심의 정중앙에
모닥불 커뮤니티가 탄생하다

'모든 사람에게 자유로운 야외 활동을'이라는 콘셉트로 일상 속 야외 활동 공간을 제안하는 것이 스노우피크의 어반 아웃도어 사업입니다. '자연(아웃도어)'과 '주거'를 결합한 사업을 폭넓게 전개하며 인구의 약 93퍼센트에 해당하는, 캠핑을 하지 않는 사람들에게 다가가고자 하는 목적으로 시작했습니다.

현재 진행 중인 사업에는 크게 두 가지 축이 있습니다. 첫 번째는 건축사무소와 연계한 프로젝트로 지방의 건축사무소 내에 아웃도어 용품 등을 제공함으로써 자연 속 야외 활동이 있는 삶을 제안합니다. 두 번째는 도시 개발의 감수입니다. 부동산 개발업자와 협업하며 집합 주택, 분양 주택, 분양지 개발을 하고 있습니다.

정원, 베란다, 옥상 공간을 활용한 '아웃도어 활동이 가능한 생활'이라는 제안은 최근에는 타사에서도 볼 수 있게 되었지만, 스노우피크에서는 2015년부터 시작한 프로젝트입니다. 본격적인 붐이 일어나기 전에 먼저 기획을 시작했다는 자부심도 있지만, 스노우피크의 최대 강점은 커뮤니티 형성의 노하우가 있다는 점입니다.

주택의 설계나 방 배치, 캠핑용품을 자택에서 활용하는 법을 제안하는 것은 물론 주민들이 야외 활동을 함께하며 커뮤니티를 형성하는 것까지 기획할 수 있다는 점이 스노우피크가 가진 강점입니다. 이에 대한 구체적인 사례를 소개해 보고자 합니다.

도심 속 고층 아파트의 캠프장

2019년 6월에 준공한 '파크타워 하루미'(도쿄도 주오구)는 올림픽 선수촌에 인접한 약 1,000세대의 고층 아파트입니

건축업계를 거쳐 2018년에 스노우피크에 입사.
영업에서 기획까지 '주'에 관한 사업 전반을 담당하는
사업창조본부 동일본법인영업과 오지 나호코

다. 이곳의 일부를 스노우피크가 감수하고 광대한 옥외 공간에 세 곳의 캠프사이트를 준비했습니다. 거주자들이 스노우피크가 준비한 캠핑용품 세트를 자유롭게 무료로 사용하고, 아파트 부지 내에서 원할 때 언제든 캠핑을 할 수 있도록 하는 시도입니다.

준공한 지 3년이 지난 지금도 주말의 캠프사이트 가동률은 항상 100퍼센트 이상입니다. 텐트 치는 법, 캠핑 장비 사용법, 캠프사이트에서 시간을 보내는 법 등을 스노우피크 직원들이 직접 1년에 4회, 시즌별로 가르치고 있습니

잔디에 스노우피크의 텐트와 타프가 설치된 시가현의 다니구치 건축사무소. 다니구치 건축사무소가 생각하는 풍요로운 삶을 체현한 공간이 되었다.

다(코로나19 상황에서는 횟수를 제한하여 실시). 캠핑 강의 가운데 가장 강조하는 부분은 불을 켜는 법과 끄는 법입니다. 바비큐는 물론 방재에도 도움이 되는 지식을 전달합니다.

주민의 대부분은 캠핑 경험이 없는 초심자입니다. 그렇지만 누군가가 모닥불을 피우고 있으면 자연스럽게 사람들이 모여들어 자발적으로 SNS를 교환하며 친목을 도모합니다. 지방이라면 이런 커뮤니케이션 문화가 아직도 남아 있지만, 도시에서 이런 친목 도모의 계기를 만들었다는 것이 무엇보다 기쁩니다.

지방의 건축사무소와
자연과 함께하는 생활을 제안

전국 15곳에서 진행하는 지역 건축사무소와의 협업도 스노우피크만의 새로운 시도입니다. 지방의 건축사무소와 계약을 체결하고, 스노우피크의 특약점으로서 숍 운영을 위탁하고 있습니다. 스노우피크의 아웃도어 용품 판매를 통해서 건축사무소가 다양한 주거 공간에 대한 제안은 물론, 자연친화적인 라이프 밸류 제안, 커뮤니티 형성까지 담당하는 새로운 시도입니다.

일반적으로 건축사무소라고 하면 집을 짓거나 고칠 때 주민들과 접점이 생기는 정도입니다. 그렇지만 더 나아가 지역 사람들의 생활을 더욱 풍성하게 만들고자 폭넓은 사업을 전개하는 건축사무소도 많습니다. 그래서 스노우피크가 생각하는 '야외 활동이 가능한 집'과 '야외 활동의 거점 개발'에 공감하는 건축사무소에서 '어반 아웃도어 숍인숍'을 운영하고 있습니다.

예를 들어 시가현 류오초에 있는 나무집 전문 다니구치 건축사무소는 목조 주택의 설계 및 시공을 하는 곳으로, 부지 내에 광대한 잔디 광장이 있고 그 주변으로 본사 사옥, 가구 공장, 북유럽 가구 쇼룸, 그린숍, 스노우피크의 어반 아웃도어 숍인숍이 쭉 늘어서 있습니다. 집을 지을 예정이 없는 사람들도 이곳에 부담 없이 들러 중앙 광장에서 자유롭게 모닥불을 즐길 수 있습니다. 주말에는 로컬 마켓이 개최되어 지역 주민들의 쉼터가 됩니다. 자연에서 즐기는 야외 활동을 통해 로컬 커뮤니티를 형성하고 있는 사례라고 할 수 있습니다.

스노우피크 마이스터가 상주

어반 아웃도어 숍인숍의 각 점포에는 '스노우피크 마이스터'라고 불리는 캠핑과 아웃도어 용품에 관한 연수를 받은 직원이 상주합니다. 매장 앞쪽에 스노우피크에서 취급하는 가구와 주택에서도 바로 활용할 수 있는 상품(어반 아웃도어 용품)을 진열하고 인테리어 용품뿐만 아니라 신축 설비도 제안하고 있습니다.

어반 아웃도어 사업의 매출 구성 비율을 보면 건축사무소와의 협업이 전체의 80퍼센트를 차지합니다. 이러한 숍인숍 사업을 계기로 스노우피크 역시 많은 신규 고객을 확보했습니다. 점포별 매출 증가율도 높고, 각 건축사무소의 강점도 많아졌습니다. 언젠가는 이러한 숍을 전국 47개 도도부현에 하나씩 만들면 좋겠지만, 우선 15개 지역의 숍인숍을 중심으로 기반을 튼튼하게 다져 나가고 싶습니다.

6,600평의 커뮤니티 조성

두 가지 프로젝트 사례를 더 소개하겠습니다. 먼저 어반 아웃도어 사업에서 현재 진행 중인 니가타시 니시칸구의 약

숍인숍의 내부 풍경. 숍인숍의 계약에는 스노우피크 매장의 설치,
어반 아웃도어 용품의 취급 금액 등의 조건이 있다.

6,600평의 부지를 이용한 '노키로의 숲' 프로젝트입니다. 부동산 개발업자, 건축사무소, 스노우피크 3사 공동의 프로젝트로 2022년 10월 완공을 예정하고 있습니다.

스노우피크는 주택과 공유지 간의 '아웃도어 리빙'을 감수하는 역할을 맡고 있습니다. 주택가가 가지는 콘셉트와 건축 가이드라인을 만들어서 '인간과 인간을 이어주는 자연이 함께하는 거리'를 실현하고자 합니다.

이곳에서 니가타역까지는 고속도로로 30분이 걸립니다. 전철로는 1시간 정도 걸리는 니가타시 외곽에 위치하기 때문에 절대적인 편의성이 좋다고는 할 수 없습니다. 그래서 개성이 있는 주택가와 함께 커뮤니티를 만들 수 있는 콘셉트 및 가이드라인을 만들었습니다.

모닥불이 가능한 커뮤니티 광장

주택가의 중심에는 모닥불을 피울 수 있는 커뮤니티 광장을 만들어 야외 활동에 필요한 아이템을 대여합니다. 여러 세대가 하나의 큰 정원을 공유할 수 있는 것이 특징으로, 집과 집 사이의 문턱과 벽을 없애고 여유로운 녹지대 산책로를 만들어 느슨한 경계선을 유지하고 있습니다. 각 주택의

↑ 주택 약 8구획에 해당하는 커뮤니티 광장의 이미지

↓ 노키로의 숲 단독주택 건축 가이드라인에 의하면, 집집마다 우드 데크, 도마(마루를 깔지 않고 신발을 신고 돌아다닐 수 있는 실내 공간), 정원 중 하나를 반드시 만들도록 하고 있다.

영역을 확실히 나누는 것이 아니라 무언가를 서로 공유하는 풍성함을 느낄 수 있도록 설계했습니다.

부지 내에는 34개의 분양 주택뿐 아니라 8개의 임대 주택과 게스트하우스, 상업 시설이 있습니다. 상업 시설에서는 로컬 마켓 개최, 아웃도어 매장 오픈이 예정되어 있습니다.

물론 부지에 주택만 짓는 방법도 가능하지만, 100년 후에 이곳이 유령 도시가 되지 않기를 바라는 마음이 있었습니다. 주민 이외의 사람들도 이곳에 방문하여 교류가 생기고, 순환형 커뮤니티가 만들어지면 좋겠다고 생각했습니다. 하나의 커뮤니티를 만드는 것으로 끝이 아니라 지속성 있는 커뮤니티의 실현을 목표로 합니다.

2022년 3월을 기준으로 현재 주거 공간을 건축하는 건축사무소를 결정하는 단계에 있습니다. 구체적인 건축 가이드라인을 정하는 일은 솔직히 말해 건축업자 입장에서는 여러 가지 장벽이 생기는 셈이지만, 이 모든 과정은 그 지방이 가진 원래의 풍경을 지키기 위해서입니다. 이러한 이념을 여러 협력사에도 전하고 싶습니다.

입점이나 분양 문의 수 역시 벌써 1,000건이 넘었습니다. 구체적인 문의도 많고, 매물을 보기 전에 계약이 되는 경우도 있습니다. 자연 속 야외 활동이라는 콘셉트를 대대적으로 내건 주택가 조성은 전례가 거의 없는 일입니다. 그만큼 사용자나 업계에서 주목받고 있다고 생각합니다. 이 프로젝트를 통해 사람들이 싫어서 야외 활동을 안 하는 것이 아니라 장소가 없어서 하지 못하는 경우가 많다는 사실을 깨달았습니다. 앞으로는 누구나 자유롭게 일상적으로 자연에서 야외 활동이 가능한 세상, 그리고 그런 문화를 스노우피크가 함께 만들어가겠습니다.

노키로의 숲

최대 강점은 커뮤니티 형성의 노하우가 있다는
점이다.

→ 주택의 설계나 방 배치, 캠핑용품의 활용법
은 물론 주민들이 야외 활동을 함께하며 커뮤
니티를 형성하는 일까지 기획한다.

무언가를 서로 공유하는 풍성함을 느낄 수 있다.

→ 하나의 큰 정원을 공유하는 커뮤니티가 특징
이다. 그래서 일부러 집과 집 사이에 문턱과 벽
을 만들지 않았다.

100년 후에 유령 도시가 되지 않기를 바란다.

→ 게스트하우스와 상업 시설을 만들어 순환형
커뮤니티를 만들고자 한다.

스노우피크가 만든 평생 쓰는 가구
– 변화하는 생활에 주목하다

캠프장에 주거 공간을 만들어온 스노우피크가 가구 판매를 시작했다. 마음에 드는 유닛을 조합하여 자신의 취향에 맞는 공간을 만들 수 있는 모듈형 가구 쓰구카다. 이 제품의 기획 개발을 담당한 사람은 바로 입사 5년 차의 디자이너 가모시다 에이타.

*

**미래개발본부 기어개발과
가모시다 에이타**

수납하는 가구가 아닌
공간을 만드는 가구

스노우피크의 가구 시리즈인 쓰구카는 2년의 개발 기간을 거쳐 2021년 10월에 정식 공개되었습니다(발매는 2022년 5월 말). 캠핑 장비를 오랜 시간 만들어온 제조업체의 노하우를 살려 자유로운 조합을 통해 필요한 공간을 자신이 원하는 대로 구성할 수 있도록 했습니다. 기둥을 중심으로 위판, 선반, 월패널 등을 조합하면 주택 안에서 이상적인 개인 공간을 만들 수 있습니다.

쓰구카의 기획개발을 담당한 미래개발본부 기어개발과
가모시다 에이타

'캠핑을 하지 않는 사람들을 위해 어떤 것을 만들고 어디에 두면 좋을까'라고 고민했을 때 아이디어가 떠올랐습니다. 집 안과 밖의 경계선을 모호하게 만드는 툇마루 같은 공간을 집 안에 만들고 싶다는 생각이었습니다. 제가 대학을 졸업하고 2018년에 스노우피크에 입사한 후 캠핑 장비 개발부에서 일한 지 3년째가 되던 해였습니다.

이전에도 캠핑과 크게 관련이 없는 상품을 꽤 많이 담당했습니다. 캠핑을 위한 도구라기보다는 캠핑을 하지 않는 사람들이 자연스럽게 캠핑에 관심을 가지도록 이끄는 상품을 기획하는 경우가 많았습니다. 쓰구카도 변화가 없는 집 안에서의 시간을 자신의 취미나 취향에 맞춰 바꿀 수 있다면 좋겠다는 생각으로 개발했습니다.

모듈식 가구는 다른 브랜드에서도 다양하게 발매되지만, 쓰구카의 특징은 '수납하는 가구가 아니라 공간을 만드는 가구'라는 점입니다. 상판을 부착하여 책상에서 일을 하거나 선반에 마음에 드는 서적을 꽂아두는 모습을 상상하여 내하중, 안전성, 조립의 편의성에 중점을 두었습니다.

기둥의 높이는 약 2,000밀리미터입니다. 높이 때문에 압박감을 느끼지 않도록 디자인에도 신경을 썼습니다. 답답하지 않게 접합 부분이 기둥 내부에 위치하며, 맞은편을 볼 수 있습니다. 겉과 속의 구분이 없는 깔끔한 외관입니다. 기

등의 색깔은 내추럴우드, 브라운우드, 차콜우드의 세 가지 중에 고를 수 있고, 관련 부품은 모두 따로 구입이 가능합니다. 레이아웃의 가능성 역시 고심할수록 점점 더 넓어집니다.

연령에 관계없이 누구나 원하는 공간을
만들 수 있는 개인 맞춤형 가구

가구 개발은 스노우피크로서도 처음이었지만, 그동안 캠핑 장비 개발로 쌓아온 노하우가 큰 도움이 되었습니다. 사내에서 캠핑 장비 개발을 담당한 역대 선배들이 대단한 장치와 판금 가공 제품 등을 만들어왔기 때문에 이것이 가구를 만드는 데 큰 참고가 되었습니다. 개발 도중에 옵션 부품인 연결 부품의 금속 형태에 대해 고민하다가 선배 디자이너에게 상담을 했더니 바로 해결책을 제시해 주었습니다. 너무 빠른 대답에 놀라는 한편 살짝 분하기도 했습니다(웃음).

　이렇게 스노우피크의 기술이 결집되어 완성된 모듈 가구 쓰구카를 2021년 10월부터 전국 각지의 전시회에서 선보였습니다. 직접 현장에 나가 사용자에게 설명을 하며 가장 놀란 점은 어린이들의 반응이 꽤 좋았다는 것입니다.

상판 등의 옵션 구성품은 모두 이 금속 부품을 사용해 기둥에 부착한다
(위 사진). 드라이버 등의 공구가 필요하지 않기 때문에 아이들도 간단하
게 뺄 수 있다(중간·아래 사진).

초등학생 자녀가 있는 가족에게 이 가구는 공부하는 책상이 되기도 하고 아이들의 성장에 맞춰 간단하게 레이아웃도 바꿀 수 있다고 제안하면 가장 먼저 눈을 반짝이던 사람은 아이들이었습니다. 자신이 직접 조합할 수 있다는 점에 놀란 것처럼 보였습니다. 우리의 기획 의도가 잘 전해지는 것 같아 정말 기뻤습니다.

쓰구카의 가격은 25만 3,000엔부터 시작합니다. 다소 비싸다고 느껴질지도 모르지만, 리모델링이나 신축을 검토 중인 가족들의 반응은 긍정적인 편입니다.

아이들이 성장하여 사용하지 않게 된 가구를 부모가 취미나 가사 공간으로 활용할 수 있다고 하자, 고객들이 스스로 다양한 상상의 날개를 펼치며 대화가 굉장히 활발해졌습니다. 어떤 공간에서도 다채롭게 활용할 수 있고 여백이 많다는 것이 다른 가구와의 차별점입니다.

사용자 개개인의 니즈에 맞춰 사용법을 제안할 수 있는 것 역시 상품으로서 굉장한 장점입니다. 생활의 변화에 초점을 맞추되 굳이 타깃이 되는 사용자층을 설정하지 않은 여백은 고객 서비스의 폭을 넓혀주는 역할을 합니다.

물려주며 평생 쓰는 가구를 목표로

쓰구카는 일반 고객들뿐 아니라 비즈니스적인 측면에서도 반응이 굉장히 좋습니다. 사무실에 도입하고 싶다는 기업을 비롯해 지역의 목재를 효과적으로 활용하려는 행정기관 등 쓰구카를 비즈니스에 활용하고자 하는 아이디어는 정말 다양합니다.

쓰구카는 동일한 형태의 목재를 조합해 설계를 표준화했습니다. 그래서 삼나무로 유명한 지역의 행정기관과 함께 현지의 삼나무를 사용한 지역 한정 쓰구카의 생산도 가능합니다. 이렇게 쓰구카를 활용하면 지역이 떠안고 있는 문제들도 해결할 수 있습니다.

스노우피크의 다른 사업들과의 구체적인 연계는 이제 시작 단계지만, '주(주거)', '동(오피스)' 사업에서는 이미 쓰구카 도입에 대한 이야기가 진행되고 있습니다.

쓰구카를 외부에서도 사용할 수 있는 사양으로 만들면 이벤트 관련 대여도 가능해집니다. 앞으로 가구의 라인업도 더욱 확충하여 비즈니스의 폭을 넓혀가고자 합니다. 어떤 의미에서는 지금까지보다 앞으로의 전개가 더욱 중요하기 때문에 10년 후, 20년 후의 미래를 상상하며 쓰구카를 발전시켜 나가고 싶습니다. 캠핑의 즐거움은 창조력을 발휘하여 나다운 생각을 눈에 보이는 형태로 만들 수 있다는 점입니다. 이러한 즐거움을 일상생활 안에서도 실현하고자 합니다.

스노우피크는 애프터서비스에서 '영구 보증'을 약속합니다. 쓰구카는 라이프 스테이지의 변화, 취미나 가치관의 변화에 맞추어 간단하고 과감하게 공간을 바꿔 가며 평생 사용할 수 있습니다. 이런 점을 생각하면 결코 비싼 가격이 아니라고 생각합니다.

최근에는 기둥을 전부 드러낸 방식으로 지어지는 집이 줄어들고 있습니다. 그런데 쓰구카의 기둥에 아이들의 키 등 성장 기록을 새겨서, 언젠가 그 아이가 아버지가 되었을 때 "이거 아빠가 쓰던 거야."라며 다음 세대로 물려줄 수 있습니다. 이렇게 누군가의 삶 안에서 평생 쓰이는 가구를 만들고 싶습니다.

수납하는 가구가 아니라 공간을 만드는 가구.

→ 가구의 의미나 역할을 다양한 각도에서 생각하여 새로운 가치를 창출한다.

캠핑을 하지 않는 사람들을 위해 어떤 것을 만들고 어디에 두면 좋을까.

→ 새롭게 팬이 될 수 있는 계기를 기존의 개념을 버리고 생각했다.

사용자 개개인의 니즈에 맞춰 사용법을 제안할 수 있다.

→ 라이프 스테이지, 라이프스타일에 맞춰 나만의 공간을 만들 수 있는 개인 맞춤형 가구로 오랜 기간 사용을 제안한다.

대기업도 하나둘 도입하다
-스노우피크 캠핑 오피스의 효과

스노우피크의 '캠핑 오피스'란 자연과 함께 일하는 방식을 말한다. 사업을 추진하는 스노우피크 비즈니스 솔루션스(아이치현 오카자키시)의 이사 후지모토 요스케가 프로젝트 탄생의 경위와 아웃도어 연수의 효과에 대해서 소개한다.

*

스노우피크 비즈니스 솔루션스 이사
후지모토 요스케

의뢰가 쇄도하는 아웃도어 연수

기업 연수, 합숙, 직장에서 벗어난 오프사이트 미팅의 새로운 방식을 제공하는 것이 바로 스노우피크의 캠핑 오피스 사업입니다. 자연의 압도적인 개방감 속에서 일을 하면 평소와는 다른 아이디어나 인연이 생긴다고 하는데요, 이런 호평 속에 여러 대기업의 문의가 늘고 있습니다.

이러한 캠핑 오피스 사업을 운영하는 곳이 바로 스노우피크의 자회사인 스노우피크 비즈니스 솔루션스입니다. 저는 원래 이 회사의 전신인 하티스 시스템 앤드 컨설팅에 소속되어 있었습니다. 하티스에서는 1999년부터 제조업용 재고 관리 시스템 등 정보 시스템을 이용한 업무 효율화와 생산성 향상을 제안해 왔습니다. 그러다가 한 계기로 스노우피크와 만나게 되었습니다.

하티스에서 근무하던 시절에는 조직 개발과 인재 개발을 목적으로 한 체험형 콘텐츠를 개발했습니다. 그 과정에서 '자연 속에서 일하다'라는 콘셉트의 검증을 위해 시도하게 된 것이 바로 캠핑입니다. 이때 저는 아웃도어 체험이 인재 육성으로 이어진다는 사실을 처음으로 깨달았습니다. 하티스의 무라세 사장이 이 사실을 스노우피크의 야마이 도오루 당시 사장에게 직접 이야기하러 갔다가 결국 함께 일을 하게 되었습니다.

이때는 마침 스노우피크에서도 캠핑 오피스를 실험적으로 도입하고 있던 차였습니다. 그래서 2016년에 'IT 리터러시 향상과 자연에 대한 접근을 통해 기업의 인재 문제(인재 육성 등의 과제)를 종합적으로 해결'하려는 목적으로 스노우피크와의 합병회사 스노우피크 비즈니스 솔루션스를 설립하게 되었습니다. 그리고 2019년 스노우피크에 최종 합병되었습니다. 현재는 IT 도입 지원과 근무 방식 컨설팅 사업 등 기업의 활성화 지원을 담당하고 있습니다.

합병 후 3년이 지나 어느덧 캠핑 오피스의 인지도가 높아진 지금은 한 달에 100건 정도의 문의를 받고 있습니

캠핑 오피스 사업을 담당하는 스노우피크 비즈니스 솔루션스 이사
후지모토 요스케

다. 처음에는 IT 벤처기업 등에서 문의가 많을 것으로 예상했지만, 의외로 일반 대기업에서 많은 문의가 옵니다. 업종, 직종에 관계없이 캠핑 오피스에 대한 수요가 높다는 사실을 실감하고 있습니다.

콘셉트는 자연 속에서
배움을 얻는 것

캠핑 오피스를 체험할 수 있는 시설은 실내와 실외로 나뉩니다. '캠핑 오피스 오소토Camping Office osoto'는 캠핑용품을 활용한 오피스 공간을 구축하여 코워킹 스페이스나 셰어 오피스로 빌려주는 것입니다. 아이치현을 시작으로 현재 전국에 10곳의 거점을 두고 있습니다.

　　한편 실외는 캠핑장 등에서 텐트에 숙박하는 형태와 호텔 등의 숙박 시설에서 머무는 형태가 있습니다. 이런 실외 체험이 가능한 시설은 현재 해외를 포함하여 17곳입니다. 연수의 내용은 기업 담당자와 회의를 거쳐 세미오더 형식으로 구축하는 경우가 많습니다. 그렇지만 기본적으로 강의로 인풋을 하는 것이 아닌, 자연으로 나가 배움과 깨달음을 얻는 방식입니다. 즉 머리와 신체를 함께 사용하여 일하는 것이 이 프로그램의 핵심입니다.

예를 들어 '텐트를 쳐서 쾌적한 공간을 만들어주세요'라는 과제를 내보면, 바람의 방향과 태양의 위치를 고려해 텐트를 설치하는 팀과 특별히 아무것도 생각하지 않고 텐트를 설치하는 팀이 나옵니다. 이 과제에는 시간 제약이 있기 때문에 시간 관리와 역할 분담이 반드시 필요하며, 그 과정에서 자연 속에서 함께하는 공동 작업을 배울 수 있습니다.

그리고 '이상적인 커피를 만들어주세요'라는 과제를 내면서 로스팅 하기 전의 생두를 건네거나 커피 그라인더를 준비하지 않는 경우도 있습니다. 일을 하면서 자주 겪는, 예상치 못한 상황을 극복하는 과정이 팀 빌딩으로 이어집니다. 일하면서 생기는 문제에 대해서는 바로바로 행동을 취하기 어렵지만, 캠핑이라면 어쨌든 이런저런 것을 시도해보게 됩니다. 이런 작은 시행착오의 반복이 창의적인 인재 육성으로도 이어집니다.

쾌적한 캠핑은 참가자들의 이상적 목표입니다. 하지만 예상외의 사건이야말로 아웃도어 연수의 묘미입니다. 평소 업무를 할 때는 일어날 것 같지 않은 사건을 공유하는 것만으로 개인이나 팀의 움직임이 가시화되어 새로운 깨달음을 얻을 수 있습니다.

↑ 캠핑 오피스 오소토 오카자키. 법인 회원도 다수 이용하고 있다.

↓ 대자연 속에서 하는 회의에서는 커뮤니케이션도 원활하게 이루어진다.

참가자들의 후기 중에는 덕분에 상사와의 관계가 변했다거나 상사와 좀 더 가까워졌다는 내용이 많습니다. 회의실이었다면 위축되었을 상황에도 자연에서는 평소보다 발언하기 쉬워진다고 합니다. 듣는 쪽인 상사도 평소보다 너그러운 마음으로 받아들입니다. "오늘 정말 좋은데!"라고 부하 직원에게 선뜻 말을 걸기도 쉬워져 분위기가 좋아집니다.

이외에도 대기업에서 파벌 싸움을 벌이던 임원끼리 모닥불을 계기로 화해를 한다거나 회사의 회식에 절대로 참가하지 않았던 직원이 아웃도어 연수에는 활발하게 참여하는 등 현장에서 제가 직접 목격한 성과는 셀 수 없을 정도입니다. 자연에는 일상에서 해결이 어려운 고민을 해결하는 힘이 분명 있다고 믿습니다.

아웃도어에서 일하는 환경을
일본 전국으로

연수 참가자들의 대부분은 캠핑 미경험자입니다. 실제로 "저희 사장님은 항상 좋은 호텔에 묵으시니까 텐트는 좀…." 이라는 사전 상담이 많은 것도 사실입니다. 그래서 현재 도입하고 있는 것이 앞서 소개한 호텔 또는 숙박 시설과의 제휴입니다.

분명 텐트 숙박은 아웃도어 연수의 묘미지만, 여기에 지나치게 집착하면 모든 니즈에 대응하지 못합니다. 자연에서 일하는 기회가 늘어나 혁신적인 인재가 나오는 순환을 만드는 것이 우리의 목표입니다. 이 목표를 위해 그러한 계기가 되는 시설은 다양한 방식으로 존재해도 좋다고 생각합니다.

지방의 호텔에는 잘 관리된 멋진 아웃도어 공간이 있는데도 제대로 활용하지 못하거나 평일의 사용자가 적다는 문제가 있습니다. 이런 숙박 시설과 제휴를 맺어 서로 윈윈하는 관계가 되었습니다. 낮에는 야외에서 그룹 활동을 하고, 밤에는 호텔에서 숙박합니다. 날씨에 대해 걱정할 필요도 없고 호텔에 식사와 온천 시설도 갖춰져 있기 때문에 편안하게 이용할 수 있습니다. 이 프로그램은 도심에 위치한 기업에서 문의가 오는 경우가 많아서, 앞으로는 자연과 함께할 수 있으면서도 접근성이 좋은 공간을 더 늘려가고자 합니다.

머리와 신체를 활용하여 일하는 것이 프로그램의 핵심이다.

→ 자연으로 나가 배움과 깨달음을 얻는 캠핑 오피스 체험을 제공한다.

참가자들의 대부분은 캠핑 미경험자다.

→ 아웃도어 연수의 목적은 인재 육성과 팀 빌딩 등이다. 동시에 이 체험을 통해 평소에도 캠핑에 관심을 가지는 계기를 만들려고 한다.

자연에서 일하는 기회가 늘어나 혁신적인 인재가 나오는 순환을 만든다.

→ 자연에서는 창조력이 높아진다. 저절로 커뮤니케이션도 원활해진다. 이런 가치에 대해 깨달은 기업이 새로운 가치를 창출하는 인재를 육성할 수 있다.

스노우피크식 지방 창생에 의뢰가
쇄도하다-가장 중요한 두 가지 축

산조시 교외에 설립한 스노우피크 본사와 캠프필드를 계기로 지방 창생에 대한 의뢰가 증가했다. 이를 사업화하기 위해 2017년 2월에 만든 것이 스노우피크 지방 창생 컨설팅(니가타현 산조시)이다. 한 달에 100건의 의뢰가 쇄도하는 인기의 이유에 대해 대표 다카이 후미히로가 이야기하고자 한다.

✻
스노우피크 대표이사 부사장 집행임원 겸
스노우피크 지방 창생 컨설팅 대표
다카이 후미히로

사업의 계기는
산속에 세운 HQ의 존재

스노우피크는 풍요로운 자연을 가진 지역의 체험과 캠핑, 글램핑과 같은 야외 활동을 통해 인간성을 회복하는 사업에 종사해 왔습니다. 2021년 12월을 기준으로, 지방자치단체 등과 체결한 포괄 연계 협정은 총 23건으로 지방 창생을 위한 노력에 박차를 가하고 있습니다. 이러한 지방 창생 사업을 담당하는 곳이 바로 2017년에 설립한 자회사인 스노우피크 지방 창생 컨설팅입니다.

지방 창생 사업을 담당하는 스노우피크 지방 창생 컨설팅 대표
다카이 후미히로

　자회사를 설립하기 전에는 스노우피크 본체에서 지방 창생의 일을 맡아서 했습니다. 지방 창생의 의뢰가 증가한 가장 큰 원인은 2011년에 설립한 본사 HQ의 존재입니다. 니가타현 산조시 교외의 광대한 부지에 만들어진 이곳 시설의 옆에는 광대한 캠프필드가 펼쳐집니다. 연간 캠핑 이용객은 평균 3만 명 이상으로 관광객을 포함한 지역 교류 인구도 증가했습니다. 사람들은 스노우피크에서 일하고 싶어서 도심에서 니가타현으로 내려오기도 하고, 도심에서 일하다가 고향인 니가타현으로 돌아오기도 합니다.

　HQ 오픈 당시에는 각 자치 단체의 수장들이 시찰을 와서 "지방에도 이런 멋진 시설과 서비스를 만들고 싶다."라고 말해주었습니다. 사실 HQ는 역까지 자동차로 약 40분 정도 걸리기 때문에 접근성이 좋다고는 할 수 없습니다. 그럼에도 불구하고 많은 캠퍼들이 이곳을 방문하고 있는 이유에 대해 많은 분들이 관심을 가져주었습니다. 그렇게 HQ는 지방 창생 사업의 롤모델이 되었습니다.

　그 후 오이타현 히타시의 의뢰로 2015년에 스노우피크가 운영관리를 하는 '스노우피크 오쿠히타 캠프필드'가 새롭게 오픈했습니다. 이것이 스노우피크 지방 창생 사업의 본격적인 시작이 되었습니다.

　스노우피크 지방 창생 컨설팅 설립 후에는 해가 갈수

록 문의가 늘어나 연간 평균 20건이 동시에 진행 중입니다. 사업의 규모나 기간이 각각 다르기 때문에 장기 프로젝트의 경우에는 3년 정도 진행되기도 합니다. 자치 단체에서 그 지역을 꼭 한번 보러 와달라는 문의뿐 아니라 개인적으로 가지고 있는 토지를 활용하고 싶다는 의뢰까지 다양합니다. 지방에서도 자연을 활용한 지역 활성화에 대한 수요가 높아지고 있습니다.

사용자와 함께하는
모니터링 캠핑의 의미

2021년 6월부터 지방 창생 사업의 일환으로 '스노우피크 운영 캠핑장의 파트너'를 47개 도도부현에서 모집하기 시작했습니다. 이때의 공모에 대한 반응이 엄청나게 뜨거워 첫 한 달 동안 100건을 넘는 문의가 쇄도했습니다. 그리고 반년 만에 200건이 넘는 안건이 도착했습니다.

스노우피크 사업부는 모든 가능성에 열려 있다는 입장입니다. 문의가 온 건에 대해서는 반드시 이야기를 듣고, 정보를 수집합니다. 캠핑장 개발만이 지방 창생은 아닙니다. 지방의 과제에 대해 자연 자원을 활용하면서 지속가능한 해결법을 찾아내는 것이 목적입니다. 지방의 위치만 보고 판단하는 것이 아니라 같은 목적을 향한 속도감이나 의지의 정도를 고려하여 안건에 대해 결정하려고 합니다.

정보 수집 후 유력하다 판단된 안건에 대해서는 컨설팅을 거쳐 최종적으로 스노우피크가 구체적인 토지 활용법을 리포트로 제출합니다. 이런 컨설팅 과정에서 필수적인 것이 다음의 '모니터링 캠핑'입니다.

스노우피크 오쿠히타 캠프필드는 운영 개시 후 5년 만에
숙박 이용객은 3.3배, 수입은 6.5배가 성장했다.

실제로 캠핑을 하며
토지의 매력을 설명하다

잘 모르는 토지의 경우는 현지에서 캠핑을 해보는 것이 굉장히 중요합니다. 어떻게 해야 이 토지에 캠퍼들이 찾아올 것인지, 어떤 가치를 가시화하면 캠핑을 하러 오는 이용객이 그 지역을 둘러볼 것인지까지 생각합니다.

1박 2일의 모니터링 캠핑에는 그 지역(자치 단체나 민간)의 책임자나 스노우피크의 사원은 물론 각지에 사는 스노우피크 사용자들이 참가하기도 합니다. 그리고 각각의 입장에서 그 토지의 매력에 대해 의견을 교환합니다.

의뢰가 오는 곳은 원래부터 캠핑장이었던 곳뿐만이 아닙니다. 때로는 모니터링 캠핑을 위해서 땅의 풀베기부터 시작하는 경우도 있습니다. 이렇게까지 캠핑에 충분히 시간을 들이는 이유는 모닥불을 둘러싸고 이야기를 나누면서 그 지역 사람들의 토지에 대한 생각이나 본심을 들을 수 있기 때문입니다. 때로는 '이런 점은 싫다'라는 솔직한 의견도 알 수 있는 귀중한 시간입니다.

지방 창생 사업에서는 플랫폼과 커뮤니티를 창조하는 것이 꼭 필요합니다. 그중에서도 특히 중요한 것이 커뮤니티입니다. 단발성 이벤트를 통해 일시적으로 고객을 모을

스노우피크가 운영하는 캠핑장에 파트너로 참가할 수 있는
'47 캠프필드 프로젝트(47 Campfield Project)' 사업에는
인터넷 폼으로 응모할 수 있다.

수 있을지는 몰라도 지속되지 않는다면 의미가 없습니다.
이른 단계부터 예비 사용자를 끌어들여 지역 사람들과 동료
의식을 키우는 것이 굉장히 중요합니다. 그런 의미에서 약
65만 명의 사용자 기반을 가지고 지역 개발 후에 사용자 유
치까지 가능한 것은 스노우피크가 가진 큰 강점입니다.

두 가지 축으로 진행되는
앞으로의 지방 창생

스노우피크의 지방 창생 사업이라고 하면 하쿠바 지역의 프로젝트가 가장 유명합니다. 웅장한 산악 경관의 매력을 그대로 남긴 환경은 물론 현지 자치 단체의 열정과 스노우피크의 제안이 잘 매치된 사례입니다. 스노우피크가 새롭게 전개하는 지방 창생 사업에는 하쿠바처럼 지방에서 캠프필드를 만드는 일과 더불어 또 다른 축이 필요하다고 생각합니다. 바로 도시에 가까운 땅의 개척입니다.

　47개의 도도부현에서 캠핑장의 파트너를 공모한 결과, 도시 주변 지역에서 온 문의가 많았습니다. 예를 들면 도쿄에서 1시간 이내의 거리에 있는 지역은 모두 같은 과제를 가지고 있는 경우가 많습니다. 자연 자원은 있지만 어떻게 활용하면 좋을지 모른다는 것입니다. 앞으로는 자연 체험을 한 적이 없는 캠핑 미경험자층을 위한 도시 주변의 지역 활성화 대책이 더욱 중요해질 것입니다. 신중하게 그분들의 이야기를 듣고 정보를 수집하여 스노우피크만의 관계성을 구축해 나가야 합니다.

지방의 과제에 대해 자연 자원을 활용하여 지속 가능한 해결법을 찾아낸다.

> → 스노우피크의 지방 창생의 대상이 관광지만 되는 것은 아니다. 지방의 자연 자원을 활용하여 순환시킨다.

플랫폼과 커뮤니티의 창조.

> → 지방 창생에서 특히 중요한 것이 커뮤니티 조성이다. 모니터링 캠핑에서 예비 사용자, 지역 사람들과 의식을 공유한다.

도시에 가까운 땅의 개척.

> → '인간성의 회복'을 미션으로 내건 스노우피크의 타깃은 도시에 사는 사람들이다. 앞으로는 잠재적인 수요가 많은 도시 주변 개발을 강화해 나간다.

지속 가능한 세상을 만드는 캠퍼 사상
– 교육 현장으로 확대하다

자연 속 캠핑장이 주된 싸움터인 스노우피크에서 지구 환경의 유지란 사명이라고 할 수 있다. 이런 캠퍼 사상은 교육 현장에서도 중요하다. 캠퍼 사상을 어떻게 사업화하고 있는지 상무이사인 리스 노아가 소개한다.

*
상무이사 집행임원 경영관리실 실장 겸
경영본부장 리스 노아

30년도 더 전부터 존재하던
지속 가능성

원래 스노우피크에는 SDGs라는 말이 나오기 전부터 지속 가능성에 대한 의식이 존재했습니다. 스노우피크가 생각하는 야외 활동의 영역은 지구 전체입니다. 지구가 키워온 자연이 없다면 성립되지 않는 사업을 하고 있기 때문에 필연이라면 필연인 셈입니다.

이런 생각은 스노우피크 제조 파트에서도 일관되게 유지됩니다. 상징적인 사례가 영구 보증제도입니다. 스노우피크가 캠핑 시장에 진입한 1988년에 도입한 이 제도는 30년 이상이 지난 지금까지도 이어져 오고 있습니다. 캠핑용품, 의류 등 스노우피크의 제품은 모두 영구 보증제도의 대상입니다. 고장이 나면 폐기하는 것이 아니라 수리하여 오랫동안 사용하도록 합니다. 이러한 생각이야말로 지속 가능한 비즈니스 모델을 지향한다는 증거입니다.

스노우피크는 팔면 그만이라는 생각은 하지 않습니다. 제품을 체험할 수 있는 캠핑장을 운영하고 이벤트를 통해 사용자와 접점을 만들어서, 시스템에 만전을 기한 상태로 애프터서비스를 구축합니다. 이런 장기적인 사용자와의 관계 구축이 바로 스노우피크의 자산이자 강점입니다.

애프터서비스에는 당연히 비용이 발생합니다. 우리는 비용이 들더라도 사용자와의 연결 고리를 끈끈하게 이어가는 것이 가장 중요하다고 생각합니다. 아버지가 사용하던 캠핑용품을 아들이 이어받아 3대가 같이 캠핑을 합니다. 이런 일들이 가능하도록 지원하는 것이 중요합니다.

재생 에너지로 전환한 이유

2021년 1월, 스노우피크는 본거지인 HQ를 시작으로 전국 10곳의 주요 거점과 직영 캠핑장의 전력을 이산화탄소CO_2

상무이사 집행임원 경영관리실 실장 겸 경영본부장 리스 노아

배출량 제로인 재생 에너지로 전환했습니다. 파트너 기업은 '업데이터UPDATER'입니다. 저는 담당자로서 프로젝트를 추진하고 있지만 아직 초기 단계입니다. 앞으로 공급 업체 등 생산과 관련된 라인도 재생 에너지로 전환할 수 있도록 검토할 예정입니다.

기업의 이산화탄소 배출량을 측정하는 데는 스코프1, 2, 3의 세 가지 단계가 있습니다. 스코프1은 자사가 직접적으로 배출하는 것이고, 스코프2는 타사에서 공급받는 전기, 열, 증기 사용에 따른 간접적인 배출량입니다. 스코프3은 스코프1과 2를 제외한, 원재료 조달에서 제품 폐기까지 서플라이 체인 전체의 배출량입니다.

현재 스노우피크가 진행 중인 자사의 전력 전환은 스코프2까지의 이야기입니다. 스노우피크의 경우 제조 공정에서도 이산화탄소가 배출되기 때문에 앞으로는 스코프3까지 해결해 보려고 합니다.

이런 저희의 노력에 동참하여 전력 전환을 검토하는 거래처 공장도 일부 나오기 시작했습니다. 국가가 2030년도의 온실가스 감축 목표(2013년도 대비 46퍼센트 감축)를 표명하면서 사회적인 분위기가 바뀐 것이 느껴집니다.

가장 이상적인 것은 원재료부터 중간 가공, 최종 가공 그리고 고객이 체험하는 영역까지 스노우피크에 관련된 모

↑ 애프터서비스에서는 전문가가 수리를 담당한다. 다음 캠핑 예정일에 맞춰서 수리 기간을 관리해 준다.

↓ 2011년에 준공된 본사 건물 지붕에 태양광 발전 패널 240개를 설치하여 전력의 일부를 조달해 왔다.

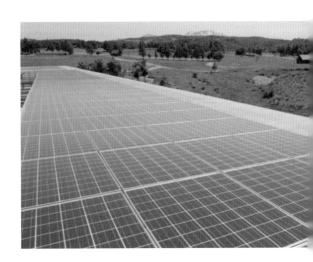

든 것에 재생 에너지를 이용하는 것입니다. 서플라이 체인 전체를 바꾸게 되면 방대한 시간과 노력이 들겠지만, 이미 전력 자유화가 진행되고 있는 일본이기 때문에 가능한 이야기입니다. 그리고 이런 에너지 생산 배경에 대해서도 다시 한번 생각해 볼 수 있을 것입니다.

교육 현장에도 꼭 필요한
캠퍼 사상

영구 보증제도도, 재생 에너지로의 전환도 지구 환경을 위해서 꼭 필요한 일입니다. 이런 움직임에 적극적인 스노우피크 정신의 밑바탕에는 '자연과 인간, 인간과 인간을 이어주어 인간성을 회복하다'라는 사회적 사명이 있습니다. 자연과 함께하며 자연의 매력을 깨닫는 사람들이 늘어날수록 자연에 대한 겸허한 마음이 생겨나고 지구 환경도 좋아질 거라 생각합니다.

우리는 이런 생각을 '캠퍼 사상'이라고 부르고 있습니다. 인공물 사이에서 생활하다 보면 느낄 수 없는 가치가 자연에 있습니다. 현대 사회는 숫자나 서열 등으로 인간의 가치를 판단하는 경향이 있지만, 자연 속에서 인간은 오로지

캠핑 캠퍼스는 학년이나 학부의 벽을 허물고 시간과 장소 등
다양한 것의 경계를 없애 새로운 배움의 시간과 공간을 제공하려는 시도다.

인간으로서 평등합니다. 그 안에서 자연과 인간에 대해 나
자신은 어떤 행동을 하게 될까요? 자연은 인간성을 높일 수
있는 또 다른 장이기도 합니다.

　　교육 현장과의 컬래버레이션을 통해서 자연의 매력
을 깨닫는 새로운 계기를 만들기도 합니다. 2020년 6월에
는 간세이가쿠인대학과 포괄적 연계 협정을 체결하고 캠핑
의 요소를 도입한 새로운 학교(캠핑 캠퍼스)를 시작했습니
다. 캠핑과 자연 속 커리큘럼을 통해 자유로운 발상으로 혁

신을 일으키는 학생 육성이 목표입니다.

그리고 2023년 4월에 도쿠시마현 가미야마초에서 개교 예정인 사립 고등전문학교 '가미야마마루고토고전(가칭, 설치 구상 중)'에서는 자연에서 얻을 수 있는 배움을 공동으로 디자인할 것이라고 발표했습니다. 생존 가능성 수업, 문화 창조를 위한 공동 기획, 스노우피크 니가타 본사에서 열리는 학생 학습 등의 프로그램을 기획 중입니다.

도시에 살다 보면 자연과의 거리는 당연히 멀어집니다. 그런데 특히 아이들에게는 자연에서 마음껏 뛰놀며 풍부한 감성을 키워주길 바라는 사람이 많습니다. 아이들이 자연에 대한 겸허한 마음과 가치를 깨닫게 하기 위해서라도 자연에서 보다 많은 것을 배우면 좋을 것 같습니다. 스노우피크가 배움의 분야에서 할 수 있는 일은 분명 많을 거라 생각합니다.

SDGs라는 말이 나오기 전부터 지속 가능성에 대한
의식이 존재했다.

> → 30년 전부터 전 제품이 영구 보증의 대상이다. 즉
> 고객과의 관계성도 영구적으로 보증하는 것이 된다.
> 오랜 시간 함께한 '고객 우선'의 사고를 중요시한다.

스노우피크에 관련된 모든 것에 재생 에너지를 이용
한다.

> → 서플라이 체인 전체적으로 환경 문제에 대응하는
> 의식을 가져야 한다.

교육 현장과의 컬래버레이션을 통해서 자연의 매력
을 깨닫는 새로운 계기를 만들기도 한다.

> → 자연 속에서 이루어지는 커리큘럼을 통해 인간성
> 을 향상시키고 자유로운 발상으로 혁신을 일으키는
> 인재를 육성한다.

스노우피크의 제조 DNA
- 시장은 창조하는 것

스노우피크는 '물건'을 만드는 것부터 '일'을 만드는 것까지 자연 속의 풍성한 체험을 다양한 형태로 사용자에게 꾸준히 제안해 왔다. 언제나 새로운 가치를 창출하는 스노우피크 제조의 진수를 입사 20년 차가 되는 미래개발본부장 요시노 마키오가 설명한다.

*

집행임원 겸 미래개발본부장
요시노 마키오

오래 사용할 수 있는
상품을 만드는 비결

스노우피크는 캠핑용품은 물론 가구부터 체험형 투어까지 사업 영역의 확대에 발맞추어 새로운 상품과 서비스를 꾸준히 만들어왔습니다. 그러한 기획과 실행 부대로서 2020년에 신설된 부서가 미래개발본부입니다.

　　미래개발본부는 스노우피크의 디자인과 창의적인 아이디어를 담당하는 인재가 집결한 조직입니다. 캠핑 장비나 의류 등의 상품 개발뿐만 아니라 글램핑 시설에서의 체험 콘텐츠, 지역 체험형 투어 등의 개발도 맡고 있습니다.

집행임원 겸 미래개발본부장 요시노 마키오

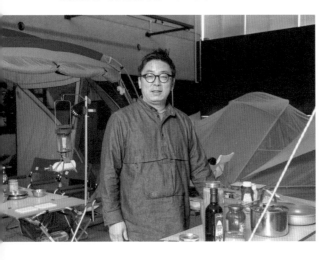

저 역시 입사 후 10년간 캠핑 장비 개발을 해왔습니다. 그리고 10년이 더 흘렀지만, 스노우피크는 10년 전, 20년 전에 만든 상품을 여전히 판매하고 있습니다. 수십 년 전의 제품을 신제품과 조합하는 경우도 있습니다. 이것이 스노우피크 제조의 DNA라 생각합니다.

쓰바메산조의 본사 건물 지하에는 광대한 스노우피크 뮤지엄이 있습니다. 텐트를 시작으로 창업 때부터 지금까지 개발한 다양한 도구가 쭉 진열되어 그 풍경이 장관입니다. 일반인도 견학할 수 있고, 젊은 개발자들이 방문하여 과거 상품의 조합이나 구조를 참고하는 경우도 있습니다. 스노우피크에 있으면 뮤지엄을 비롯한 선배들의 지혜가 바로 손닿는 곳에 있으며, 현재도 살아 있다고 실감하는 경우가 많습니다.

스노우피크에서는 자신이 원하는 것을 만드는 정신이 쭉 계승되어 왔습니다. 그렇기 때문에 기획 담당자의 열정이 대단합니다. 이런 뜨거운 마음은 사내는 물론 거래처와 고객들에게도 전해집니다. 수치화가 불가능한 부분이지만 몇 번이고 가설을 검증하여 완성한 상품이라면 자신감을 가지고 추천할 수 있고, 왜 필요한지 본질적인 부분을 깊게 고민한 상품이기 때문에 꾸준히 오래 사용할 수 있습니다.

다채롭게 세팅이 가능하여 인기가 많은 대형 타프 '랜드스테이션'.
본인이 만든 걸작이다.

매년 장비의 신제품으로 약 30품목 정도의 추가 제안이 나옵니다. 그렇지만 절대 트렌드에 따르거나 '타사가 만드니까', '잘 팔리니까'라는 이유로 회의실에서 제안되는 상품은 없습니다.

스노우피크는 기본적으로 타사의 제품이나 유행은 특별히 의식하지 않습니다. 항상 본인이 어떤 상품을 원하는지를 최우선으로 생각하며 개발합니다. 최종적으로 가격을 결정하는 단계에서는 경쟁사를 체크하지만, 이를 처음부터 고려하지는 않습니다.

캠핑의 배치를 바꾸는 신제품

이런 스노우피크의 제조를 상징하는 새로운 상품이라고 하면 2022년 4월에 발매한 브랜드 사상 최대의 셸터인 '제카 Zekka'입니다.

가족용 텐트는 투룸 텐트가 주류입니다. 확실히 넓고 사용하기에 편리하지만 거실 부분은 아무래도 폐쇄적으로, 모처럼 야외에 나왔는데도 경치를 감상할 수 없습니다. 그래서 방 배치를 바꾸어보았습니다.

일반적으로 투룸 텐트의 배치는 침실과 거실이 입구

의 앞뒤로 분할되어 있는 경우가 많습니다. 하지만 제카는 침실의 위치를 양쪽으로 비스듬하게 뒤쪽으로 물려서 거실 부분을 넓게 확보했습니다. 정면 패널(큰 문)은 전체 닫음(풀 클로즈), 전체 메시 사양 등 날씨에 맞게 조절이 가능하며 천장에 창문도 있습니다. 기존의 투룸 텐트에서는 불가능했던, 가족 모두가 옆으로 나란히 누워 실내에서 장대한 경치를 즐기는 것도 가능합니다.

제카라는 이름은 눈앞에 펼쳐지는 멋진 풍경을 뜻하는 조망절가眺望絶佳라는 사자성어의 일부를 따왔습니다. 이 이름 그대로 경치를 즐기는 것이 콘셉트입니다. 제카는 지금까지 본 적 없는 프레임 모양이지만 스노우피크의 독자적인 가설 검증으로 우리가 만들고 싶은 것을 만든다는 정신을 구현한 상품입니다.

가격은 28만 8,000엔(세금 포함)으로 고가이지만, 전시회 등에서 고객의 평가가 매우 좋습니다. 그렇지만 이런 새로운 콘셉트의 상품은 사람들에게 바로 익숙해지지 않는 것도 사실입니다. 실제로 지금은 스노우피크의 대표 상품이 된 대부분의 장비도 발매 후 2~3년은 그다지 팔리지 않는 시기가 있었습니다.

물론 회사로서는 매출의 초반 속도가 아무래도 신경 쓰입니다. 그렇지만 이런 제안형 상품들은 일부 코어한 스

↑ '자연과의 대화'라는 개념에 따라 개발한 제카. 거실에서는 자연의 파노라마를 즐길 수 있다.

↓ 제카의 본체 사이즈는 가로 880×세로 330×높이 240센티미터로 대형. 이너텐트 하나가 들어 있으며 옵션으로 추가도 가능하다.

노우피크 팬들이 먼저 사용하면서 캠핑장에서 이를 본 다른 사용자들에게 퍼져 나갑니다. 과거에 이런 경험들을 몇 번이나 해왔기 때문에 기획과 제품을 천천히 키워가는 기개가 생겼습니다.

지금은 캠핑을 가서 모닥불을 피울 때 화로대를 사용하는 것이 당연해졌지만, 이 스타일을 구축한 것도 사실 스노우피크입니다. 제카도 표면적인 디자인을 바꾸는 것이 아니라 캠핑의 개념을 바꾸는 상품이 되었습니다. 이렇게 새로운 캠핑 문화를 만들어가고 있습니다.

자연 체험을 통해
깨달음을 발견하다

스노우피크는 '물건'을 만드는 것뿐만 아니라 이벤트 같은 '일'을 만들어 독자적인 체험 가치도 제공합니다. 어떤 일을 기획할 때든 '깨달음'이 굉장히 중요한 테마입니다.

예를 들면 미래개발본부 익스피리언스과가 기획하는 체험 투어 중에는 사용자와 생산자의 커뮤니케이션을 중요하게 생각하여 상품이 완성될 때까지의 배경과 과정, 산지의 문화를 체험할 수 있는 여행이 있습니다. 상품에 대한 이해와 애착을 높이기 위함입니다.

　중요한 것을 중요하게 생각하는 마음과 그 마음을 사람들에게 전하는 것, 이 두 가지 행위는 스노우피크가 내건 인간성의 회복으로 이어집니다. 이를 깨닫는 계기가 되는 것이 바로 상품, 캠핑장, 숍, 체험 투어 등입니다. 사업 영역을 넓혀가는 과정에서 아웃도어 업계나 캠핑 업계에 한정하지 않고 깨달음을 주는 체험의 기회를 늘리고 있습니다.

　앞으로는 얼마나 많은 계기를 만들어낼 수 있을지가 관건입니다. 아웃도어 붐이라고 해서 일희일비할 것이 아니라 예전부터 해오던 제조업의 사상을 바탕으로 새로운 가치를 창출하기 위해 노력하려고 합니다.

왜 필요한지 본질적인 부분을 깊게 생각했기 때문에 꾸준히 오래 사용할 수 있다.

> → 스노우피크에서는 사원 전원이 캠핑을 한다. 상품 개발에서는 자신이 원하는 것을 만든다는 정신을 관철한다.

새로운 콘셉트의 상품은 바로 익숙해지지 않는다.

> → 스노우피크의 상품은 세상에 없는 새로운 가치를 제공한다. 모든 사람이 바로 사용하지 않을 수는 있지만, 본질적인 수요를 파악하고 있기 때문에 시간이 걸려도 많은 사람이 필요로 하는 상품이 된다.

어떤 일을 기획할 때는 '깨달음'이 굉장히 중요한 테마다.

> → 누가 어디서 어떻게 만든 것을 자신이 구입하는지 직접 목격하면 애착과 감사의 마음이 생긴다. 이런 깨달음이 인간성의 회복으로 이어진다.

의 식 주 동 유 학

대자연이 무대,
전대미문의 초대형 전시회를 개최하다

2021년 여름, 스노우피크는 니가타현 산조시의 본사 건물과 광대한 캠프필드를 이용하여 전대미문의 초대형 전시회를 개최했다. '의·식·주·동·유' 각 사업별로 부스를 설치하여 거래처와 이해 관계자 등이 각각의 사업 영역을 체험하는 전시회다. 엑스포를 담당한 고바야시 유가 이를 소개한다.

미래개발본부 개발부
이그제큐티브 크리에이터 고바야시 유

체험을 통해
새로운 사업 파트너를 발견하다

자사 제품을 진열하는 전시회는 자주 보지만, 사업을 진열하는 전시회는 들어본 적이 없을 겁니다. 2021년 7월에 스노우피크로서도 새로운 시도였던 '스노우피크 라이프 엑스포 2021'을 니가타현 산조시에 있는 본사에서 3일간 개최했습니다. '의식주', 그리고 '일하다', '놀다'라는 새로운 사업의 미래상을 방문객들이 '체험'하는 장입니다. 당일에는 직원 전원이 PCR 검사를 하는 등 감염 대책을 철저하게 세웠습니다.

스노우피크 라이프 엑스포 2021의 전시장 입구에서.
미래개발본부 개발부 이그제큐티브 크리에이터 고바야시 유

전시회의 테마는 '라이프 밸류를 가시화하다'입니다. 미래개발본부가 기획 및 운영의 중심이 되어 사무국을 설치했습니다. 먼저 각 사업이 하는 일과 추구하는 세상을 피부로 느끼기를 바랐습니다. 그리고 사원과 관계자들 사이에 접점이 생겨, 새로운 사업 파트너를 발견하도록 하는 것이 가장 큰 목적이었습니다.

여기에는 전 단계가 있었습니다. 스노우피크는 2020년 가을에 타사가 주최하는 이벤트에 이례적으로 참가를 결정했습니다. 도쿄 도내에서 개최된 디자인아트 전시회 '디자인아트 도쿄 2020'입니다. 캠핑을 하지 않는 사람들에게도 기업의 가치를 알릴 필요가 있다고 생각했기 때문입니다. 예민하지만 도회지 생활에서 자연을 갈망하는 사람이 많을 것 같다는 것이 참가 이유였습니다.

이벤트 중에는 하라주쿠의 사무실에 각 사업별로 3×3미터의 작은 부스를 설치하고 담당자가 프레젠테이션을 했습니다. 방문객 수는 300명 정도였지만, '스노우피크가 왜 아웃도어뿐만 아니라 의·식·주 등의 사업을 전개하는지 이해했다', '생활의 다양한 측면에서 인간과 자연이 함께 사는 것의 가치를 알았다'라는 의견이 많아 확실히 반응을 실감했습니다.

우리는 전시회 후에 어떤 가설을 세웠습니다. 스노우

피크가 앞으로 하려는 일을 제대로 이해할 수 있는 공간을 만든다면 지금보다 더 많은 사업 파트너를 발견할 수 있지 않을까 하는 것입니다. 그래서 디자인아트 도쿄 2020의 활동 보고를 정리한 리포트에 '다음은 HQ(헤드쿼터스, 니가타현의 본사)에서 전시회 개최를'이라고 썼습니다.

이것이 2020년 말의 일입니다. 그리고 바로 반년 후에 스노우피크 라이프 엑스포 2021을 개최했습니다. 사실 7월에는 항상 본사 사옥에 일부 거래처를 초대하여 비공개 수주회를 개최했습니다. 이 수주회를 쇄신하기로 결심한 것입니다.

약 2,000명을 초대하다

스노우피크 라이프 엑스포 2021은 사업 파트너는 물론 기관 투자가, 행정 담당자 등 스노우피크와 관련된 모든 사람이 교류할 수 있는 개방적인 전시회로 만들었습니다. 그리고 약 2,000명을 초대했습니다. 방문객 전원이 체험 가치를 공유하는 장으로 크게 방향을 전환한 것입니다.

3일간 어떤 일들을 진행했는지 설명하자면, 먼저 광대한 잔디 위에 '의', '식', '주', '동', '유'의 각 사업, 그리고

'지방 창생'을 테마로 한 큰 전시 부스를 각각의 장막 아래 설치한 다음 여러 명의 담당자가 방문객에게 사업 내용을 설명했습니다.

100명 정도가 착석할 수 있는 메인 스테이지에 만든 특별 무대에서는 아침 10시부터 오후 4시 정도까지 각 사업과 '미래', '인류', '지역과의 공생', '경영' 등을 주제로 12개의 토크 세션을 마련했습니다. 강연자는 야마이 도오루 회장, 야마이 리사 사장, 그리고 건축가 구마 겐고, 고이즈미 신지로 환경성 대신, 전 일본 축구대표팀 감독 오카다 다케시 등 저명인사와 전문가들입니다.

일부러 니가타의 본사까지 찾아온 분들이 꼭 한번 캠핑도 체험하길 바라는 마음으로 숙박 텐트도 설치했습니다. 밤의 모닥불과 캠핑을 체험한다면 스노우피크의 가치를 최대한 느낄 수 있을 것이라고 생각했습니다.

스노우피크에서는 1년에 15회 정도 사원이 고객과 함께 캠핑을 하는 스노우피크 웨이라는 이벤트를 개최합니다. 서로 초면인 캠퍼들과 모닥불을 앞에 두고 커뮤니케이션을 해온 경험이 비즈니스의 장에서도 도움이 되었습니다.

전시판으로 하는 설명보다는
'체험'을

특히 신경을 쓴 부분은 각 사업의 부스 전시입니다. 지금까지는 작은 전시판을 준비해 설명을 한 경우가 많았지만, 이번에는 고객이 사업 내용을 직접 체험해 보는 것에 주력했습니다. '식' 분야라고 하면 스노우피크가 운영하는 레스토랑의 테이블 세팅, 산지의 채소 등을 전시하고 캠핑이 제공하는 '식' 체험으로 즉석으로 만든 요리를 맛보게 합니다. 또 '주' 분야라고 하면 '야외 활동이 가능한 집'의 공간에서 실제로 사는 감각을 체험하게 하는 등 가능한 한 다양한 체험을 방문객들에게 제공한 것이 포인트입니다.

골머리를 썩인 것은 주택 사업이었습니다. 평범하게 생각하면 모델룸으로 안내하는 것이 가장 좋겠지만, 그렇게 할 수는 없었습니다. 그래서 이번에는 모델룸을 본사의 필드에 재현하기로 했습니다. 그 결과, 집의 절반 정도를 장막 아래 만드는 설계로 완성되었습니다.

이런 전시 내용이 결정되기까지의 논의 과정은 생각지 못한 효과를 낳기도 했습니다. 매번 임원들과 전시 내용에 대해 논의를 거듭한 결과, 사업 전략을 생각하는 데까지 회의 내용이 깊어져 각 사업의 미래상이 더욱 명확해졌습니다. 사업 목적에 대한 사원들의 이해도 자연스레 깊어지면서 사원들에게서 새로운 서비스와 가치를 창출할 수 있는 아이디어도 나왔습니다.

방문객의 업종에 맞춰 준비한
10개 이상의 시나리오

방문객들의 업종은 굉장히 다양합니다. 평소에 관련이 적은 업계 사람들도 투어의 흐름상 부스를 찾게 됩니다. 그래서 준비한 것이 10개 패턴 이상의 프레젠테이션 시나리오입니다.

　　의류 사업의 경우는 의류 관계자들에게 설명할 스토

전시회의 '식' 부스

리가 대개 정해져 있습니다. 그렇지만 보통 의류와 관련이 없는 지방자치단체 사람들에게는 어떤 말을 해야 할까요? 어떤 제안을 하면 스노우피크와 새로운 사업을 같이하는 계기를 만들 수 있을까요? 이런 부분에 대해 몇 번이고 논의하여 사업부별로 복수의 대본을 준비했습니다.

누구에게 어떤 말을 하면 좋을지 구분하기 위해 ID 카드를 사용했습니다. 방문객의 목에 거는 ID 카드를 10개 정도의 색으로 구분하여 업종을 알 수 있도록 만들었습니다. 각 부스 담당자는 이 색깔을 보고 바로 프레젠테이션 스토리를 바꾸어 설명했습니다.

스노우피크는 창업 당시부터 그 지역에서 사업 파트너를 찾아온 회사입니다. 앞으로의 사업을 다각화하면서 파트너의 존재는 필수입니다. 그래서 미래의 파트너가 될지도 모르는 사람들에게 왜 이 사업을 하는지를 진지하게 전달하고 싶었습니다. 이것이 새로운 화학 반응을 일으키는 계기가 되기를 바라는 마음이었습니다.

방문객 수는 3일간 총 1,728명이었습니다. TV, 신문, 온라인 등 다양한 매체에서 기사로 다루어진 것뿐 아니라 각 사업부에도 다양한 기업의 문의가 늘어 미래의 파트너 개척도 순조롭게 진행되고 있습니다. 이 라이프 엑스포가 스노우피크가 그리는 미래를 실현하기 위한 기점이 되었습니다.

새로운 사업의 미래상을 방문객들이 '체험'할 수 있는 장이다.

→ 부스에서는 전시판을 보는 것이 아니라 사업을 '체험'하는 것이 목적이다.

앞으로 하려는 일을 제대로 이해할 수 있는 공간을 만든다면 지금보다 더 많은 사업 파트너를 발견할 수 있다.

→ 사업에 대한 이해가 깊어지면 새로운 연결 고리, 화학 반응이 생길 가능성도 높아진다.

방문객에 맞추어 프레젠테이션 스토리를 바꾼다.

→ 방문자에게 맞춘 프레젠테이션을 통해 자사와 관련된 모든 사람이 스노우피크의 사업을 자신의 일처럼 생각하게 된다.

의 식 주 동 유 학

스노우피크식 디지털 전환
-다섯 가지 시도, 제로에서 성과를
만들어낼 수 있었던 이유

스노우피크 사내에서는 2016년에 설립한 자회사 스노우피크 비즈니스 솔루션스(아이치현 오카자키시)의 지원을 받으며 회사 안팎의 업무의 디지털 전환(Digital Transformation)을 추진해 왔다. 이는 모든 사업의 수준 높은 고객 서비스로 이어지고 있다. 그 프로세스와 본질에 대해 자회사 대표인 무라세 료가 소개한다.

＊
스노우피크 전무 겸
비즈니스 솔루션스 대표 무라세 료

자회사가 촉진한 사내 디지털화

2020년 4월, 긴급사태선언의 영향으로 스노우피크는 90퍼센트가 넘는 오프라인 점포를 휴업했습니다. 그 직후에 '온라인 인게이지먼트 강화'를 최우선 과제로 내걸고 2주 만에 인터넷 사이트의 온라인 고객 서비스 기능(채팅 서비스)을 도입했습니다. 결과적으로 인터넷 사이트의 매출(2020년 12월)은 전기 대비 3배를 기록했습니다.

디지털화 추진은 자회사인 스노우피크 비즈니스 솔루션스가 담당했습니다. 스노우피크 비즈니스 솔루션스는 IT 컨설팅의 전문가 집단입니다. 1999년에 설립한 아이에스 시스템스(후에 하티스 시스템 앤드 컨설팅)가 전신으로 2019년에 스노우피크의 100퍼센트 자회사가 되었습니다. 스노우피크의 디지털화에는 20년 이상 기업에 시스템을 제공하면서 키워온 IT 도입 방법과 사고방식이 큰 도움이 되었습니다. 그 포인트에 대해서 소개하겠습니다.

저희는 단순히 기술력으로 디지털 기법을 제공하는 것이 아니라 디지털화를 통해 무엇을 실현하는지를 중요하게 생각했습니다. 디지털화는 어디까지나 수단에 불과합니다. 일단 어떻게 정착시킬 것인지 고민하고, 그다음에 어떻게 활용할 것인지 생각합니다. 제 경험상 팀 자체의 관계성이 좋으면 좋을수록 시스템 정착이 쉽습니다.

스노우피크는 원래 고객에 대한 SNS 활용도가 굉장히 높습니다. 야마이 도오루 당시 사장이 인터넷 여명기부터 BBS를 사용해 커뮤니티를 운영했던 문화도 있었고, '디지털을 무엇을 위해 활용하는가'에 대한 의식이 사원들에게도 뿌리 깊게 자리 잡고 있었습니다.

한편 업무 효율화나 사내 커뮤니케이션과 같은 기간 플랫폼은 정비가 제대로 되어 있지 않은 상황이었습니다. 그래서 이를 해결하기 위해 스노우피크 비즈니스 솔루션스가 담당했던 다섯 가지 프로젝트를 시간순으로 설명하겠습니다.

스노우피크 전무 겸 비즈니스 솔루션스 대표 무라세 료

3년간 추진했던 다섯 가지 프로젝트

1) 사내 커뮤니티 플랫폼 구축(2018년)

가장 먼저 추진한 것은 사내 커뮤니티 플랫폼 구축입니다. 그 전까지는 사원 간 커뮤니케이션이 메일, 라인, 메신저 등 제각각 이루어져 한 가지로 통일되지 않았습니다. 그래서 검토한 결과, 선택한 것이 마이크로소프트365였습니다.

커뮤니케이션의 플랫폼을 통일하면서 업무 효율은 현격히 높아졌습니다. 현재는 예정을 공유하거나 팀즈를 사용하여 온라인 회의를 하는 등 마이크로소프트365로 일원화하여 관리 중입니다.

2) 기간 시스템 재구축(2019년)

다른 하나는 기간 시스템 재구축입니다. 최전선에서 아무리 고객과 밀접한 관계를 맺고 있어도 배송이나 제품 관리 등을 책임지는 기간 시스템이 제대로 작동하지 않으면 고객 만족도는 높아지지 않습니다.

당시 사내에는 시스템을 자체적으로 제작하는 부서가 존재하지 않았습니다. 외부 업체에 맡길 수밖에 없었기 때문에 일단은 벤더와의 관계성을 강화하기 위해 대화의 기회를 늘렸습니다. 우리가 수정하고 보완하는 배경과 의도, 생각하는 미래상을 공유하여 현 시스템의 한계점과 과제를 서로 확실히 파악하는 것입니다.

3) 데이터 수집과 분석 프로그램 도입(2019년)

그 전까지는 수집한 데이터가 여기저기 산재해 있었으며 포맷도 제각각이었습니다. 그래서 매출, 고객 수, 이벤트의 방문객 수 등의 데이터 포맷을 통일했습니다.

우리가 해온 일을 기록이 아니라 자산으로 남겨서 그 데이터를 다각적으로 살펴보는 것이 중요합니다. 도모Domo 라는 프로그램을 도입하여 필요할 때 필요한 데이터를 추출하고 가시화하여 다음 액션으로 이어가기 위한 토대를 만들었습니다.

4) 코로나19 대책 프로젝트(2020년)

앞선 세 가지 프로젝트는 예정대로 진행되었습니다. 당초에는 2020년부터 이들 시스템을 확장할 예정이었지만, 코로나19의 영향으로 갑자기 계획을 변경할 수밖에 없었습니다. 앞서 소개한 온라인 고객 서비스 프로그램의 도입도 이 코로나19 대책 프로젝트로 탄생했습니다.

코로나19의 위기 속에서 일하는 방식은 물론 고객 응대 방법 등 비즈니스 환경이 급속하게 변했습니다. 부서 단위로 해결해야 할 문제가 전부 다르기 때문에 각 부서에 스노우피크 비즈니스 솔루션스의 직원을 파견하여, 과제와 요구를 기술적으로 해결하는 방법을 하나의 팀이 되어 모색했습니다.

과제 해결을 위해 다양한 애플리케이션을 통일감 없이 도입해 버리면 그 애플리케이션의 관리 자체가 어려워집니다. 그래서 마이크로소프트365의 플랫폼을 베이스로 현장 상황에 맞게 애플리케이션을 개발하고 제공했습니다.

5) 코로나19 대책의 가시화(2020~2021년)

사내 플랫폼을 정비하는 동시에 2020년부터 추진한 것이 고객이 안심할 수 있는 시스템 구축입니다. 예를 들어 '셋포 축제'라는 사용자를 위한 감사 이벤트가 있습니다. 이때 점포에 많은 사람들이 찾아오기 때문에 한곳에 많은 사람들이 집중되지 않도록 이벤트의 방문객 수와 혼잡도를 모니터에 표시하는 등 코로나19 대책을 디지털을 활용하여 가시화했습니다.

인간성의 회복도를
수치화할 수 있을까

위의 다섯 가지 프로젝트를 사원들이 자연스럽게 받아들이게 된 데는 이유가 있습니다. 스노우피크에는 새로운 일에 도전하는 문화가 있기 때문입니다. 또한 디지털에 휘둘리는 것이 아니라 디지털을 활용하는 측에 선다는 감각을 가지고 있습니다. 이를 조직적으로 인지하고 대화를 중시하는 관계성 구축을 통해 직원들 사이의 협력 관계도 더 깊어졌습니다.

앞에서도 언급했지만, 팀 자체의 관계성이 좋으면 좋을수록 시스템은 정착되기 쉽습니다. 그래서 우리는 '인터랙티비전'을 개발했습니다. 커다란 스크린에 다른 장소(지역)에 있는 상대방이 실제 크기로 등장하여 마치 같은 공간에 있는 것처럼 실시간으로 소통할 수 있습니다. 말 그대로 서로의 연결 고리가 느껴지는 프로그램입니다.

현재 스노우피크는 사내의 각 공간에서 디지털이라는 수단을 통해 시스템을 도입하는 측과 도입되는 측이 같이 새롭게 무언가를 창출하는 '공동 창조 개발' 단계에 들어섰습니다. 디지털 전환에는 끝은 없습니다. '인간성의 회복'을 미션으로 내건 스노우피크는 '인간성의 회복도'까지 가시화하는 구상을 가지고 있습니다. 현재도 다양한 연구와 도전을 하는 중입니다. 디지털 프로그램을 활용해 지금까지 없었던 가치를 창출해 나갈 것입니다. 이는 단순히 업무를 디지털화하는 것과는 또 다른 문제이므로 앞으로도 한 걸음 한 걸음 새로운 길로 신중하게 나아가려 합니다.

스노우피크의 각 사옥에 도입된 인터랙티브전은
무라세가 개발한 커뮤니케이션 프로그램이다.

디지털화를 통해 무엇을 실현하는지를 중요하게 생각했다.

> → 디지털화는 어디까지나 수단이다. 편리한 프로그램을 사용하여 어떤 과제를 해결하는지가 중요하다.

팀 자체의 관계성이 좋으면 좋을수록 시스템 정착이 쉽다.

> → 스노우피크 사원들 사이에는 원래 새로운 것에 도전하는 문화가 있었다. 이런 적극적인 분위기가 디지털 전환을 뒷받침했다.

서로의 연결 고리가 느껴지는 프로그램이다.

> → 디지털 전환 과정에서 빠지지 않는 것이 바로 커뮤니케이션이다. 멀리 있어도 가까이 느낄 수 있는 프로그램을 개발했다.

얼마 전, 캠핑 오피스 사업을 담당하는 스노우피크 비즈니스 솔루션스의 무라세 대표에게 "재밌는 활동을 하는 그룹이 있으니 꼭 같이 보러 갑시다."라는 연락이 와서 가고시마현 아마미시로 향했습니다. 그곳에서 NPO법인 '엄마의 일하는 방식 응원단mamahata'을 만났습니다. 일하는 엄마들의 전국적인 커뮤니티로 회원 수는 약 3,000명입니다. 여성이 출산 후에도 '일'을 통해 사회와 접점을 가지는 '장'을 만드는 것이 콘셉트라고 합니다. 이 '일'이 꼭 사무직을 의미하는 것은 아닙니다. 엄마들이 활약하는 장은 각종 강연이나 이벤트 등 아주 다양합니다.

바로 이곳에서 엄마들이 주도하는 캠핑 사업이 시작되었습니다. 계기는 '엄마의 일하는 방식 응원단'의 대표이사(아마미 거주)가 스노우피크 비즈니스 솔루션스의 캠핑 연수에 참가한 것이었습니다. 그러니까 스노우피크 마이스터를 취득한 엄마들의 캠핑 사업입니다.

일반적으로 가족끼리 캠핑을 시작하는 경우에는 대부분 아버지가 주도하는 경우가 많다고 생각되지만, 여기서는 엄마가 아빠에게 캠핑 기술을 알려주는 아주 드문 광경을 볼 수 있습니다. 가족 캠핑을 엄마 강사가 지원하는 프로그램도 큰 인기라고 합니다.

참관을 한 날은 앞으로 캠핑장을 경영하게 될 개인 사업자를 대상으로 텐트 설치 연수가 진행 중이었습니다. 간사이·주부 지역의 엄마 대여섯 명이 모여 텐트 설치 방법 등을 남성분들에게 강의하고 있었습니다. 굉장히 놀랍고 신선한 장면이었습니다.

사실 스노우피크 마이스터의 자격은 원래 거래처의 숍 직원들을 대상으로 한 'toB'용이었습니다. 자격을 취득하기 위해서는 캠핑 장비나 자연에 대한 지식을 습득하는 1박 2일 혹은 2박 3일의 캠핑 연수 참가가 필수입니다. 그런데 자격 취득자인 숍 직원이 주체적으로 캠핑 이벤트를 개최하면서 캠퍼들과의 커뮤니티가 만들어져 점차 규모가 확대되기 시작했습니다. 그래서 아웃도어 활동을 좋아하는 사람들이 마이스터 자격을 취득하는 경우도 늘었습니다. 그런데 이것이 엄마들이 중심이 된 캠핑 사업으로 연결될 거라고는 상상하지 못했습니다.

스노우피크에서는 제4장에서 소개한 것처럼 대학교와 포괄 연계 협정을 체결하여 자연 교육 프로그램을 만들거나 고등전문학교를 세우는 일을 지원하고 있습니다. 제

경험으로도 앞으로 아이들을 대상으로 자연 교육을 해보면 좋을 것 같다고 생각하던 참이었습니다. 현재도 스노우피크의 사업이 계기가 되어 다양한 사람들이 캠핑과 자연의 가치를 깨닫고 주체적으로 활동을 시작하고 있습니다. 이런 일들이 정말 기쁘고 감사할 따름입니다.

다시 한번 '의·식·주·동·유·학'의 사업을 하는 이유를 정리해 보면 '지구인으로서 계속 가지고 가길 바라는 가치관을 지키고 싶다'라는 마음으로 귀결됩니다. 인간과 자연에 대하여 경의를 표하는 일도 그렇고, '가족과 지내는 시간은 정말 행복하네'라든지 '자연은 정말 기분 좋구나'라는 마음도 그렇습니다.

문명이 진화하여 환경과 인프라가 정비되면서 우리의 생활은 더욱 편리하고 쾌적해졌습니다. 한편 지구인으로서 가져야 할 인간성과 가치관에서 멀어지기도 했습니다. 디지털이 당연한 생활이 이어지다 보면 미래에는 인간 본래의 기능이 점점 사라지지 않을까 진심으로 위기감을 가지게 되었습니다.

사고를 일단 정지하고 자유롭게 공상하는 시간과 그 공상을 경험할 수 있는 공간은 어디에 있을까요. 도시에서 생활하다 보면 햇빛을 받으며 자연과 마주하는 것과는 정반

대의 라이프스타일이 당연해집니다. 스노우피크의 사업들은 이른바 인공지능AI적인 '진화'와는 역행하고 있을지도 모릅니다. 그렇지만 지구인의 가치관을 지키기 위해서는 반드시 필요한 사업이 될 거라 확신합니다.

지구인으로서 풍요로운 미래를 만들기 위해 앞으로도 저희는 다양한 계기를 만들어 자연과 인간, 인간과 인간을 이어가고 싶습니다. 모닥불처럼 뜨겁게, 따뜻한 에너지를 발산하며 그 규모를 더 키워 나가고 싶습니다.

스노우피크와 관련된 사람들은 나날이 인간성을 되찾게 될 것입니다. 우리는 지구인으로서 더욱 풍성한 미래를 같이 만들어갈 파트너를 앞으로도 더 많이 만나고 싶습니다.

스노우피크 대표이사 사장 집행임원 야마이 리사

경영은 모닥불처럼

초판 1쇄 인쇄 2023년 5월 24일
초판 1쇄 발행 2023년 5월 31일

지은이	야마이 리사
옮긴이	이현욱
펴낸이	김기옥
실용본부장	박재성
편집 실용 2팀	이나리, 장윤선
마케터	이지수
판매 전략	김선주
지원	고광현, 김형식, 임민진
디자인	여만엽
인쇄·제본	민언 프린텍
펴낸곳	컴인
주소	서울시 마포구 양화로11길 13
	(서교동, 강원빌딩 5층)
전화	02-707-0337
팩스	02-707-0198
홈페이지	www.hansmedia.com

출판신고번호 제 2017-000003호
신고일자 2017년 1월 2일

책값은 뒤표지에 있습니다.
잘못 만들어진 책은 구입하신 서점에서
교환해 드립니다.

ISBN 979-11-89510-26-8 03320